JN104885

東北大学教授
川島隆太

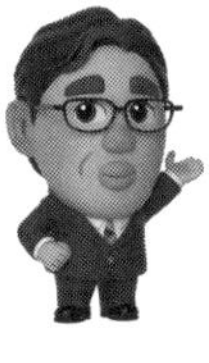

脳科学研究がつきとめた

「頭のよい子」を育てるすごい習慣

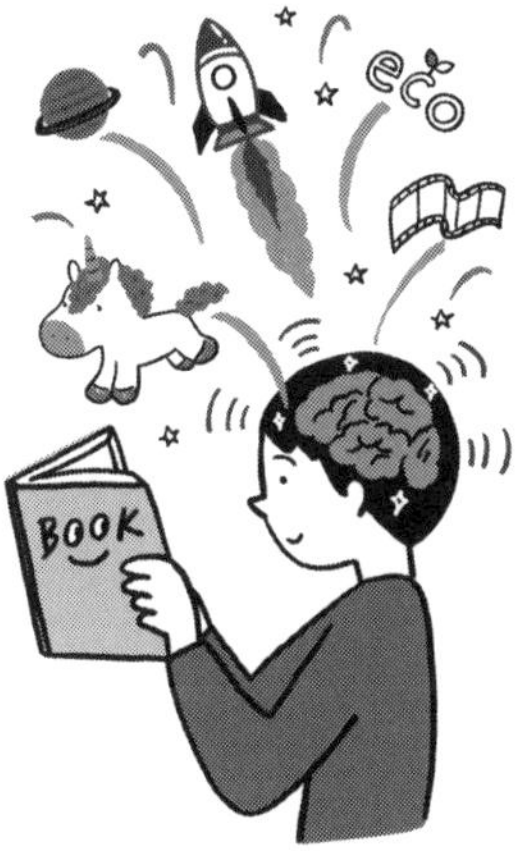

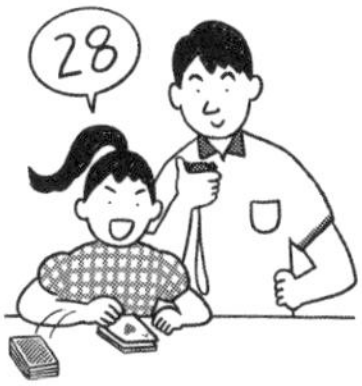

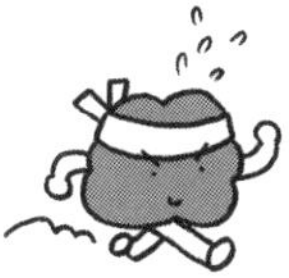

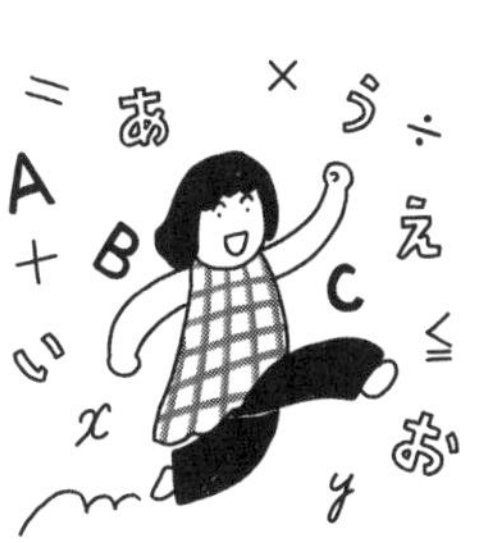

プレジデント社

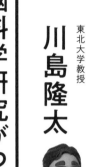

はじめに
「頭のよい子」の正体

我が子を頭のよい子に育てたい。

それは、親であればだれもが望む、自然な願いでしょう。この「頭がいい」というのは、「勉強ができる」「より偏差値の高い大学へ行ける」といった単純な意味に留まらず、おそらく次のようなイメージが含まれているはずです。

「情報を素早く理解し、自分の考えの材料にすることができる」

「読んだり見たりしたことを、スムーズに記憶することができる」
「人の言葉や表情、声の調子から感情を予測して、円滑《えんかつ》にコミュニケーションをとることができる」
「困難に直面したとき、思考を硬直させることなく、解決策を考えて行動できる」
「新しいアイデアを次々に考え出すことができる」

多くの親御さんたちがイメージしているのは、こうした「頭のよさ」でしょう。
つまり、**「情報処理能力や記憶力だけでなく、コミュニケーション能力、問題解決能力、創造力など、様々な人間らしい能力がきわめて高い子に育ってほしい」**――そう願っているということです。

一昔前であれば、情報処理能力が高く、記憶力がよければ、偏差値の高い学校へ入ることができて、卒業後は大企業へ就職して一生安泰……といった成功イメージを持つことができました。しかし近年、それだけでは不十分で、先に挙げたような広義の「頭のよさ」が求められるように、大きく変化してきました。

なぜでしょうか？

それは、「先が読めない時代になったから」という一言に尽きます。

今や、安泰と思われていた大企業があっさり倒産するかと思えば、小さなテック企業が数年であっという間にグローバル企業へ大成長を遂げたりします。今後数年の間に、現在ある職業の3分の1はなくなるといわれる一方で、新しい職業が次々誕生していきます。

10年先はもちろん、5年先も読めない世界で、子どもたちにとって、唯一確かな武器となるものは、「どんな世界でも通用する頭のよさ」ではないでしょうか。

どんなに世の中が変化しても、置いていかれることなく、常に自分自身をアップデートさせながら能力を発揮し、自分らしく生きてほしい。

そんな親御さんたちの願いをかなえるべく、本書では、子どもたちの脳のスペックを最大限に引き出す方法をお伝えします。

ところで、脳のしくみから見て「頭がよい」とは、どういう状態なのでしょうか。

真っ先に思いつくのは「知能指数（ＩＱ）が高い」ということでしょう。「知識量の多さ」をイメージする人も多いかもしれません。

しかし、どちらも先に述べたような、広い意味での「頭のよさ」かというと、疑問が残ります。

脳科学の専門家である私は、「頭がよい」とは、「脳の中に高速ネットワークをたくさん持っている状態」と定義しています。

脳細胞と脳細胞の間には神経細胞が伸びており、それが情報の通り道になっています。その通り道が密に、かつ太くつながり合っているほど、脳は的確、活発、そして速く、情報伝達を行うことができるようになります。

この高速ネットワークが発達している人ほど、「頭がよい人」というわけです。

本書では、この脳内の高速ネットワークを子どもたちの脳に搭載するためのヒントを、たくさん紹介していきます。

「脳の良し悪しなんて、生まれつき決まっているんでしょ？」と半分あきらめている人こそ、本書を参考にお子さんの〝脳育〟をはじめてほしいと思います。やればやるほど、脳は大きく「変わる可能性」に満ちていることを実感いただけるでしょう。人間の脳を長年研究してきた私は、そう確信しています。

ちなみに、「変わる可能性」に満ちているのは、子どもの脳に限りません。私たちの研究で、たとえ認知症患者さんの脳であっても、適切な刺激を与えることでその機能性が向上すると確認しています。

つまり、親御さんの脳も、お子さんとともにポジティブな刺激を受けることで、最新版にアップデートさせることができるのです。

どんな時代、どんな世界にも通用する「頭のよさ」を親子で搭載すれば、もはや怖いものはありません。

さあ、来《きた》る新時代に自分らしく、かつ高い能力を発揮するために、子どもたち、そして自分自身の脳のアップデートを、今この瞬間からはじめていきましょう。

脳科学研究がつきとめた

「頭のよい子」を育てるすごい習慣

目次

第1章 科学的に正しい「脳育」とは

Learn from yesterday.
一期一会
吾輩は猫である。
春はあけぼの
やうやう
白くなりゆく
山ぎは……

第2章　脳によい習慣

eco
BOOK

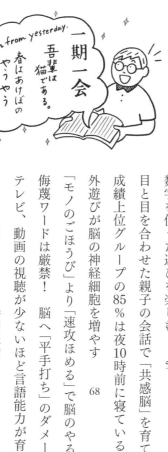

第3章　子どもの脳によい食事

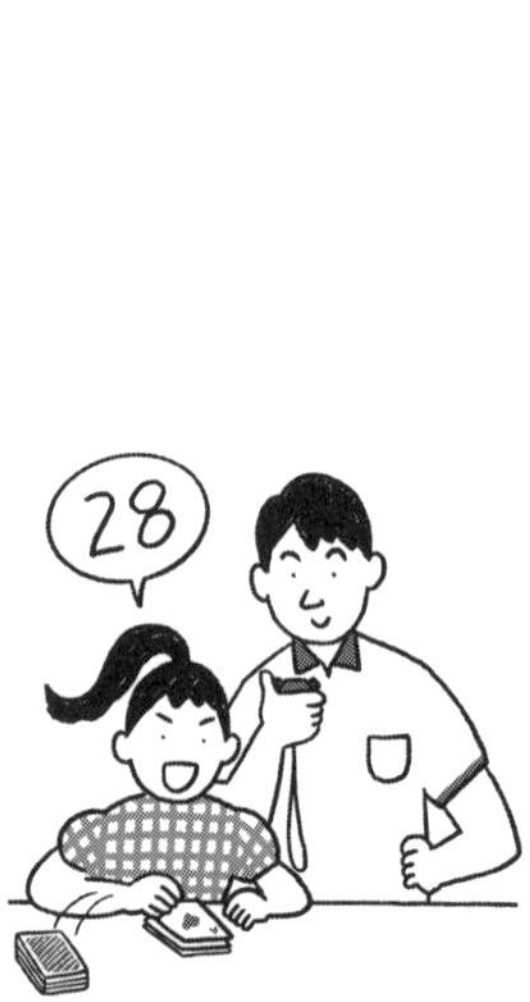

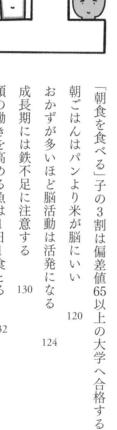

第4章 効率よく脳を働かせる勉強法

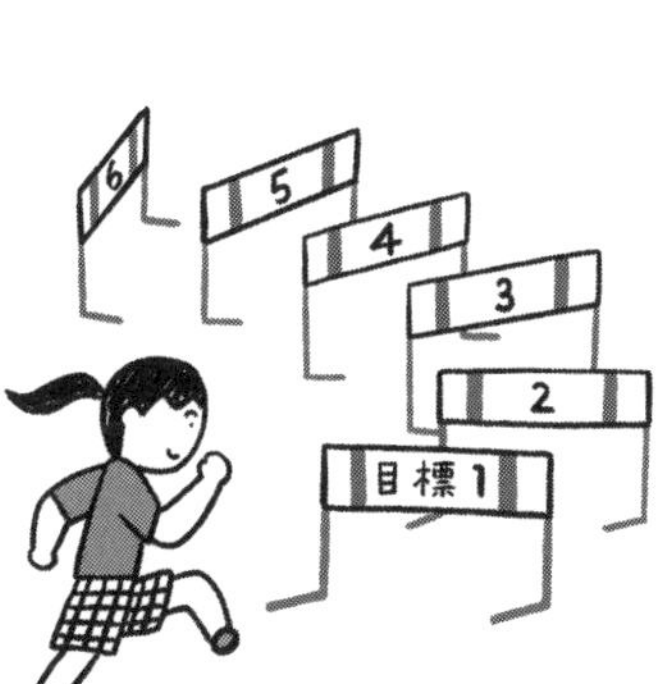

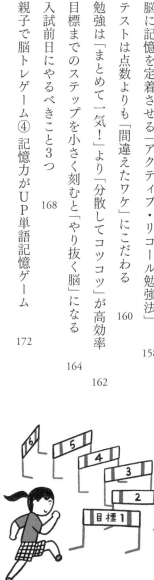

POWER UP!!

第1章

科学的に正しい「脳育」とは

子どもの脳の発達段階とターニングポイント

人の脳の発達には、脳がほぼ完成する成人期を迎えるまでに、２つのターニングポイントがあります。

最初のターニングポイントは、３歳。「見る」「聞く」「触る」「嗅《か》ぐ」「味わう」といった、五感を司《つかさど》る脳の部位は、３歳までに大人と同程度に発達します。そのため、３歳までは家庭内で様々なものを見たり、聞いたり、触ったり、嗅いだり、味わったりすることで、脳を十分に刺激することが重要です。

次に、頭の良し悪しに関わる、人間らしい思考力を司る脳の発達についても、３

歳までに大きなピークを迎えます。そして、9歳以降18歳までの思春期に再度、急激に発達する時期を迎えます。

つまり、**脳の性能の良し悪しを決める波は、主に家庭内の経験で培《つちか》われる3歳と、家庭と学校の経験で育まれる9歳以降という、2回のピークがある、ということです。**

この時期に、ポジティブな刺激をたくさん与えることで、子どもの脳はスポンジのようにその刺激を吸収していきます。それこそ形状さえも変化させながら、グングン発達していくことができます。

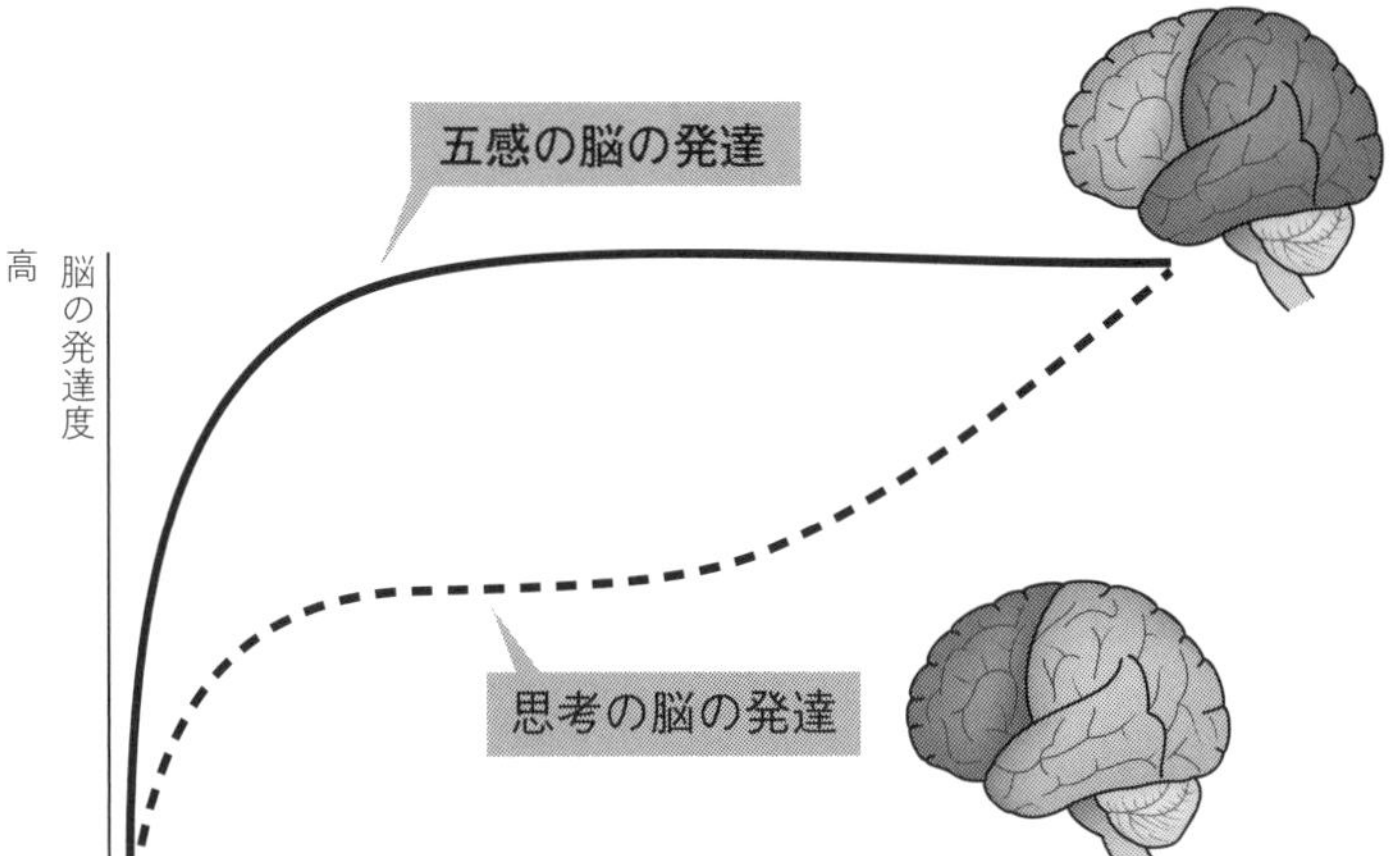

データ：東北大学加齢医学研究所

人間らしい思考力は「前頭前野」がすべて

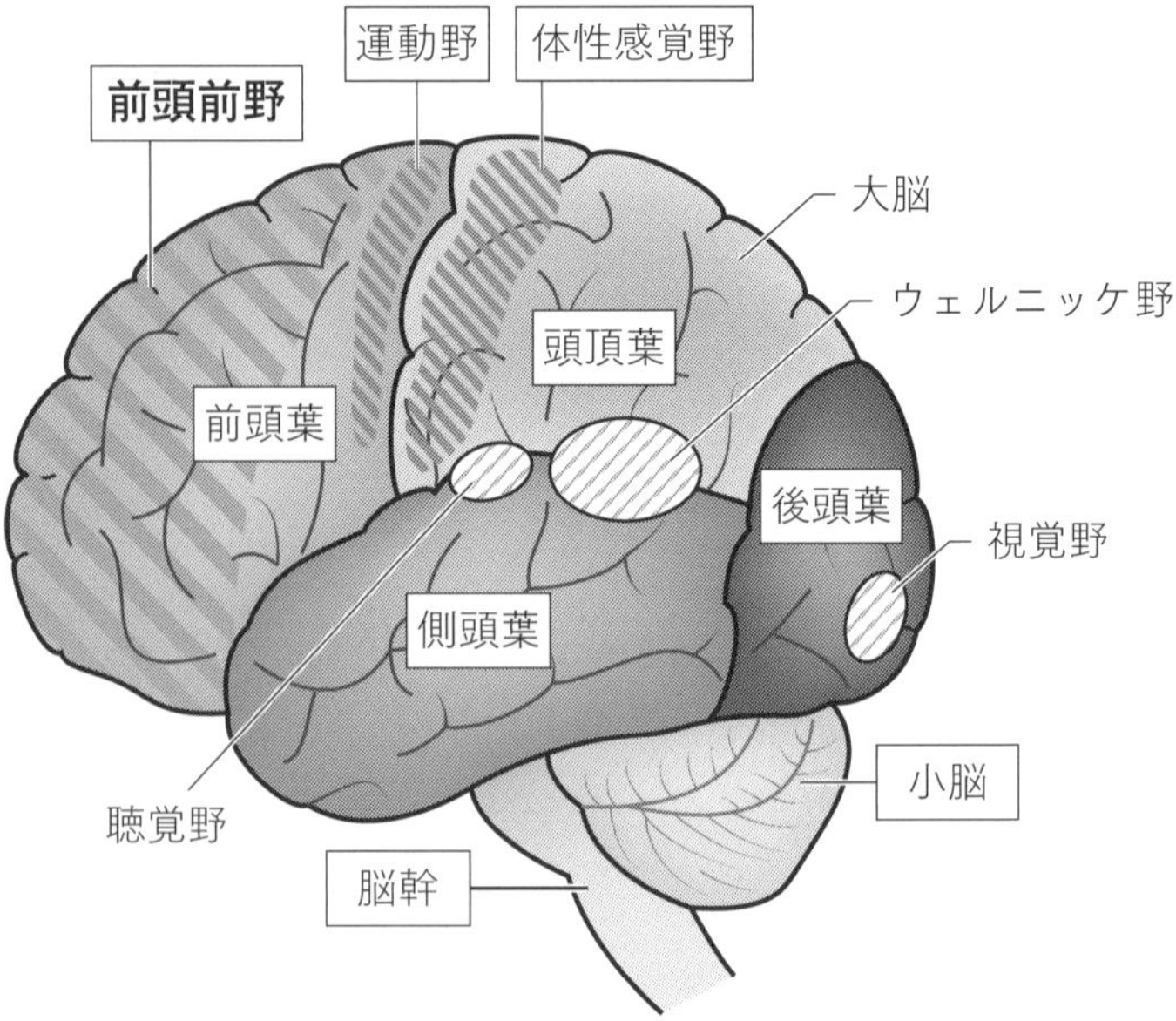

次に、脳の構造について簡単に解説しておきましょう。
人間の脳は、主に「大脳」「小脳」「脳幹」の3つの部分に分かれています。そのうち、動物と比べて人間が特に発達させている大脳は、さらに4つの部分に分かれます。それが、「前頭葉」「頭頂葉」「側頭葉」「後頭葉」であり、それぞれ次のような働きを担っています。

前頭葉 体を動かす「運動野」
頭頂葉 触覚を司る「体性感覚野」
側頭葉 音を聞き分ける「聴覚野」
後頭葉 ものを見るための「視覚野」

前頭葉の中でも、おでこのちょうど裏側にある広範囲を「前頭前野」といいます。この前頭前野こそ、人間らしい高次な働きを支える、最も重要な領域です。
前頭前野の働きには、主に次のようなものがあります。

・思考する
・行動をコントロールする
・感情をコントロールする
・コミュニケーションをする
・記憶する
・意識を集中する
・注意を向ける
・やる気を出す

つまり、本書が主にターゲットとするのは、「頭の良し悪し」を決める領域である、この前頭前野です。

前頭前野をいかに効果的に刺激し、活性化するか。それが、「頭のよい子になれるかどうか」のカギを握ります。

能力を高めた前頭前野がいったいどんな変化を遂げるのか? 脳をパソコンに置き換えて説明してみましょう。

性能の高い「パソコン（脳）」のポイントは、「計算の速さ」と「作業領域の大きさ」の2つ。つまり、脳をパソコンとした場合、前頭前野がCPUとメモリの部分にあたります。

性能の高いCPUと、大容量メモリを備えたパソコンが、「高性能」「最新式」と評価されます。つまり、前頭前野の処理速度を速くし、そして、どんどん記憶できることを可能にすれば、脳全体の性能が高まり、「頭がよい」という状態になれるのです。

前頭前野を最も活性化させる方法は？

前頭前野の処理速度を高め、作業領域を大きくするには、いったい何をすればよいのでしょうか？　それは、前頭前野を最も活発にさせる刺激――「学習」をすることです。

私はこれまで、前頭前野が活性化するのはどんなときなのかを研究してきました。脳活動を調べるｆＭＲＩ[※1]という方法や、脳の血流を調べる光トポグラフィー[※2]といった装置を用いて、**「何をしているときに前頭前野を中心に脳がよく使われているのか？」**を調べたところ――**数字や文字といった簡単な「記号」を素早く処理しているときに、前頭前野が最も活性化することが確認されました。**

面白いのは、難しい数学の問題を解いたり、難解で複雑な文字を書いても、前頭前野はさほど活性化しなかった点です。活性化のためにはあくまで、ひとケタの足し算といった、「簡単で単純な記号の処理を素早く行うこと」が重要だったのです。

「脳が活性化する」というと、脳内では具体的に何が起こっているのでしょうか？それは、血流の高まりです。

例えば、「4＋2」といったひとケタの足し算をするためには、前頭前野の細胞を働かせることが必要です。そのため、脳を動かすガソリンとなる酸素とブドウ糖を供給するために、前頭前野の血流が速くなる現象が起こるのです。

ただし、「頭をよくする」には、前頭前野の活性化だけでは不十分です。活性化はあくまで下準備にすぎず、そのうえで「鍛える」ことが必要不可欠です。

筋トレを行って筋繊維を太く、大きくしていくのと同じように、脳を鍛えることで「脳の体積を増やす」。これではじめて脳の機能が高まる、すなわち、「頭がよくなる」といえるのです。

※1磁気共鳴機能画像法。MRI装置で脳のどこが働いているのかを調べることができる。
※2微弱な近赤外光を用いて脳の血流を測定する検査。

赤ちゃんのころから脳は「学習」に強く反応する

「単純なひとケタの計算や音読を素早く行うことが脳機能を高める」

その発見をもとに、私は認知症患者のための非薬物療法「学習療法」を開発してきました。

その効果は目覚ましいものでした。特に、学習療法は、認知症の進行を遅らせるだけでなく、認知機能を向上させることも判明したのです。薬を上回る効果がある方法として注目され、現在、世界中で広がりを見せています。

認知症患者の脳の機能さえも向上させる「学習」の威力を、健康な子どもの脳発達に応用したらどんな効果があるのか？　想像に難くないでしょう。

そのため、私は脳科学の専門家として、幼少・学童期の子どもたちが「読み書き計算」を中心とした学習習慣を身につけることを推奨しています。

先に述べた通り、何らかの作業を素早く行うことは情報処理能力を向上させ、効果的に脳を活性化させます。子どもたちにとって「読み書き計算を素早く行う」といった学習習慣は、脳を鍛えるツールとして使いやすいうえ、同時に学力アップにもつながる、まさに一石二鳥のコンテンツといえるのです。

実際に、家庭学習の習慣がある子どもと、ない子どもの脳画像を比べると、家庭で学習している子どものほうが、脳の体積が有意に増加することが確認できます。学習習慣のあるなしによって、脳の構造自体に違いが生じるということです。

とはいえ、昨今では、「詰め込み教育はよくない」といった風潮も強くなってきました。私も「詰め込み教育だけやるのはよくない」と考えています。前頭前野をバランスよく発達させるには、学習だけでは不十分だからです。食事で必要な栄養を摂取したり、体を十分に動かしたり、友達とドキドキするような体験をすることで、複合的に脳が刺激され、はじめて健全な脳の発達が促されます（詳細については後述します）。

こうした多様かつポジティブな刺激の中でも、前頭前野が明らかに大喜びしてその働きを活性化させるのが、「読み書き計算を素早く行うこと」だったのです。

これは、脳が未発達な赤ちゃんでも、おそらく同じです。実験では、母親が赤ちゃんに絵本の読み聞かせをすると、音を判別する側頭葉だけでなく、思考や感情を司る前頭前野も活性化することがわかっています。

まだ言葉がわからないうちから、人間の脳は「学習」に対して強く反応する。その事実を知れば、子どもたちにどんな刺激を与えればよいのかが、おのずとイメージできますね。

ことほどさように、子どもの脳は「学習」が大好き！なのです。

鍛えれば鍛えるほど、脳は複雑に進化する

ところで、学習で脳の体積を増やすといっても、脳そのものを大きくするわけではありません。「より複雑な脳に成長する」ということです。

脳の血流を高めて活性化させ、そのうえで脳をたくさん働かせることで、脳の細胞には〝ある変化〟が生じます。

脳の神経細胞と神経細胞の間をつなぐ神経線維が長くなったり、どんどん枝分かれしていくようになるのです。

私たちが頭を働かせているとき、脳の神経細胞の間では、「解決＝処理」のために、どの細胞と手をつないで情報をやりとりすれば最適な答えが得られるか、何度もトライアル・アンド・エラーが行われています。

このとき、細胞間の神経線維がより多かったり、より太かったりするほうが、情報のやりとりは大量かつスムーズになります。片側一車線の一般道より、片側三車線の広い高速道路を通るほうが、ずっと交通量が多くなるのと同じ理屈です。

つまり、脳の中に情報をやりとりする、たくさんの高速ネットワークを持っている人が、「頭のいい人」だということ。この頭の中の高速ネットワークは鍛えれば鍛えるほど、増えていきます。

その結果、前頭前野の神経回路はさらに複雑になり、より処理速度が速くなって、作業領域もさらに拡大する……というわけです。

=
あ
×
う
÷
A
え
B
+
C
い
≦
x
お
y

計算&暗記を鍛えると、「トランスファーエフェクト」が発現する

処理速度が速くなったり、作業領域が大きくなると、計算や記憶が得意な脳になります。つまり、学校の勉強が得意な子になれるわけです。

しかし、冒頭で「先の見えない時代は、計算の速さや記憶力だけでは戦えない」とも指摘しました。どんな世の中になっても生き抜いていくためには、単に勉強ができるだけでは不十分であり、問題解決能力や高いコミュニケーション能力、創造

力なども必須、ということでしたね。

しかし安心してください。実は、**情報処理能力をより速くするようなトレーニングをすると、驚いたことに、計算や記憶とは直接関係のない様々な能力も高まることが、最新の脳研究で確認されているのです。**

これを、「転移の効果（トランスファーエフェクト）」といいます。

具体的には、例えばひとケタの数字を用いた計算を全力で速く解いたり、音読をしたり、単純な記号を暗記するといったことを続けると、計算能力や記憶力が向上するだけでなく、創造力や論理的思考力、注意力や感情コントロール能力までもが高まる……という不思議な現象が起こるのです。

先に、情報処理能力や記憶力は、脳の前頭前野が担っていると述べました。そして、人間らしい高次のそのほかの能力についても、その働きは前頭前野が司っていると言いました。

つまり、**前頭前野自体の性能を高めると、前頭前野が持つすべての能力が底上げ**

される可能性が高い、ということです。

昨今は、「パソコンやスマホがあるのだから、計算能力や記憶力なんて必要ない」といった声も耳にするようになりました。

しかし、先のような脳の特性を考えれば、情報処理能力や記憶力を高める「学習」こそ人間らしい能力を開花させるスイッチになると、おわかりいただけることでしょう。

子どもの頭をよくするためには、数字や文字にたくさん触れること。これが、とにかく「基本」です。

そして、脳発達を促進するポイントはほかにもたくさんあります。

次章で詳しくお話ししましょう。

親子で脳トレゲーム①

記憶力UPじゃんけん

「記憶力」を鍛えるための、ペアで楽しめるゲームです。全力で取り組むことで、29ページで解説した「転移の効果（トランスファーエフェクト）」が発現し、創造力や集中力、論理的思考力を鍛える効果も。

家族や友だちなどでペアをつくり、出題者と挑戦者に分かれます。挑戦者は、出題された数字に合わせた動作をまずは覚えます。その後、出題者は1から9までの数字のうち、ひとつを挑戦者に伝え、挑戦者はその数字に合わせた動作を素早く行います。出題者はバラバラの順序でテンポよく数字を伝え、挑戦者もできるだけ素早く回答しましょう。

レベル1

目標：10回連続で正解

レベル2

目標：20回連続で正解

レベル3

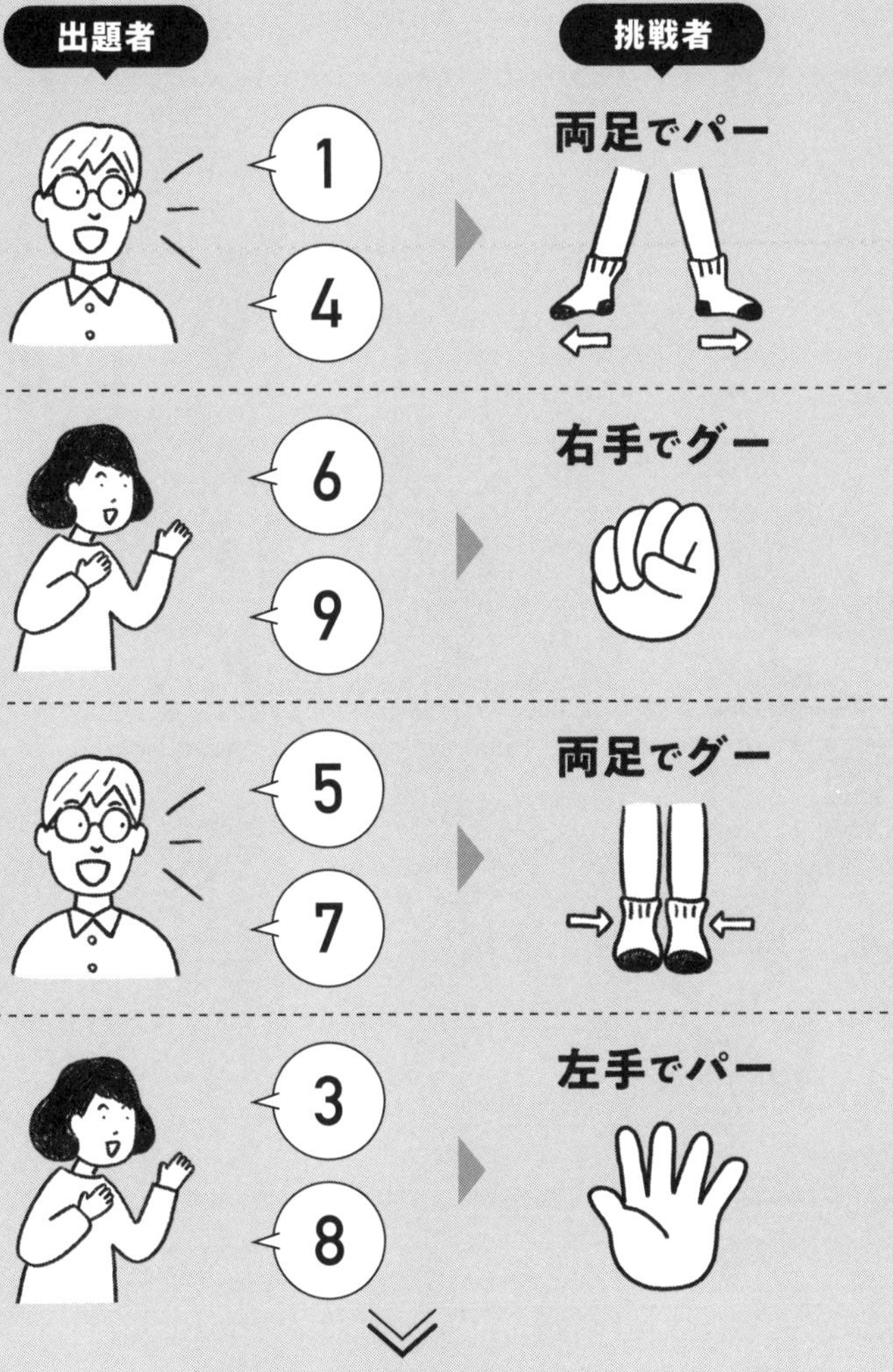

目標：30回連続で正解

すると、おばあさんは

第2章

脳によい習慣

脳の構造さえ変える!?「音読」&「読書」の力

私はこれまで数百にものぼる実験を行い、脳が活性化する様子を研究してきました。

その中で、**最も強く脳が活性化したのが「音読」でした。現在においても、私は音読以上に脳を活性化させる実験結果を見たことがありません。**

音読を行うと、脳の神経細胞が一斉に活性化し、脳の血流がどんどん高まって、大脳全体の70パーセント以上が活動しはじめることがわかっています。

言語を読んでいるとき、脳内では何が起こるのでしょうか。まず、私たちが文章を黙読すると、目にしたものを調べるための「視覚野」が働きはじめます。次に、目を動かす指令を出す「前頭眼野」が働いて文字を目でとらえ、言葉の意味を理解しようと働く「ウェルニッケ野」が意味をつかもうとします。

そして、「脳全体の司令塔」である前頭前野が働き、読んだ文章を理解し、記憶し、思考するという活動が行われるのです。

面白いことに、このとき聞こえた音を調べる「聴覚野」という脳の部位も働いていることがわかっています。つまり、私たちは文章を黙読しているとき、心の中で声に出して読み、その自分の声を聞いているということです。

黙読するだけでも脳の広範囲が働いているのですが、これが音読になると、働く範囲はさらに広く、強く活性化することがわかっています。

中でも特に強く反応するのが、「頭の良し悪しを握るカギ」である前頭前野です。

脳全体の血流が高まり、活性化した状態にできるのですから、脳の「準備体操」として音読は最適だといえるでしょう。実際に、1日10〜15分の音読を行うと記憶力が20％アップするという研究もあります。

小さなお子さんが自分で文字を読めるようになると、声に出しながら絵本を読むようになります。実は、あれが非常によい前頭前野のトレーニングになっているのです。

わが子が学童期になったら、勉強の前に教科書を音読させるようにする。あるいは、ちょっと難しい文章に出会ったら、意識的に声に出して読ませることをおすすめします。記憶力や理解力がアップして、学習効果を高めることが期待できます。

とはいえ、なんでもかんでも音読をする……というのはあまり現実的ではありません。当然ながら、純粋に読書を楽しむときには静かに黙読するのが通常です。こうした普通の読書であっても、子どもの脳にとてもよい影響があると科学的にも明らかになっています。

私の研究では、読書習慣がある子どもたちの脳画像や言語発達に関するデータを分析したところ、読書は言語発達や脳の構造に次のような影響を与えることがわかりました。

脳の神経細胞同士をつなぐ神経線維である「弓状束《きゅうじょうそく》」は、言葉との関係が深いといわれていますが、読書習慣のある子どもは、その構造がよりよく発達していることが確認できたのです。

読書は脳の構造自体を変化させる。その事実に、脳の専門家である私たちでさえも大きな衝撃を受けました。

また、読書習慣は、子どもの成績を向上させることもわかっています。

左のグラフは、２０１７年（平成29年）の宮城県仙台市の小学5年生から中学3年生までの子ども約4万人の「平日の1日当たりの読書時間」と「4教科（国語、算数／数学、理科、社会）の平均偏差値」をまとめたものです。

読書を「まったくしない」が最も低く、そこから、読書時間が長くなるほど偏差値が高くなっている傾向が明らかです。

読書習慣のある子どもたちは、小学校中学年から「まとまり読み」ができるようになります。文字を一文字ずつ追うのではなく、文字を意味のあるまとまりとしてとらえ、効率的かつ、スピーディに読み進めるようになるのです。

この段階に入った子どもは、文章を読むことがまったく苦になりません。そのため、自分で本をどんどん読み、さらに知識を積み上げていくという、〝理想的なループ〟に入ります。

どのクラスにも数人はいる「親に『勉強しろ』と言われなくても勝手に勉強する子ども」は、こうしたプロセスで成長していきます。

また、この4万人の子どもを調査・分析した結果からは、次のようなこともわかりました。

・「勉強2時間以上で読書をまったくしない」群の平均偏差値は50・4
・「勉強2時間以上で読書を1日10〜30分する」群の平均偏差値は53・6
・「勉強30分〜2時間で読書を1日10〜30分する」群の平均偏差値は51・3

同じ勉強時間でも、読書を1日10〜30分するだけで偏差値は「3」上がる。さらに、1日2時間以上勉強しても、まったく読書をしていないと、それ未満の勉強時間の子どもより成績が悪くなる……。これは、驚きの結果です。

読書時間が長くなるほど偏差値が高くなる

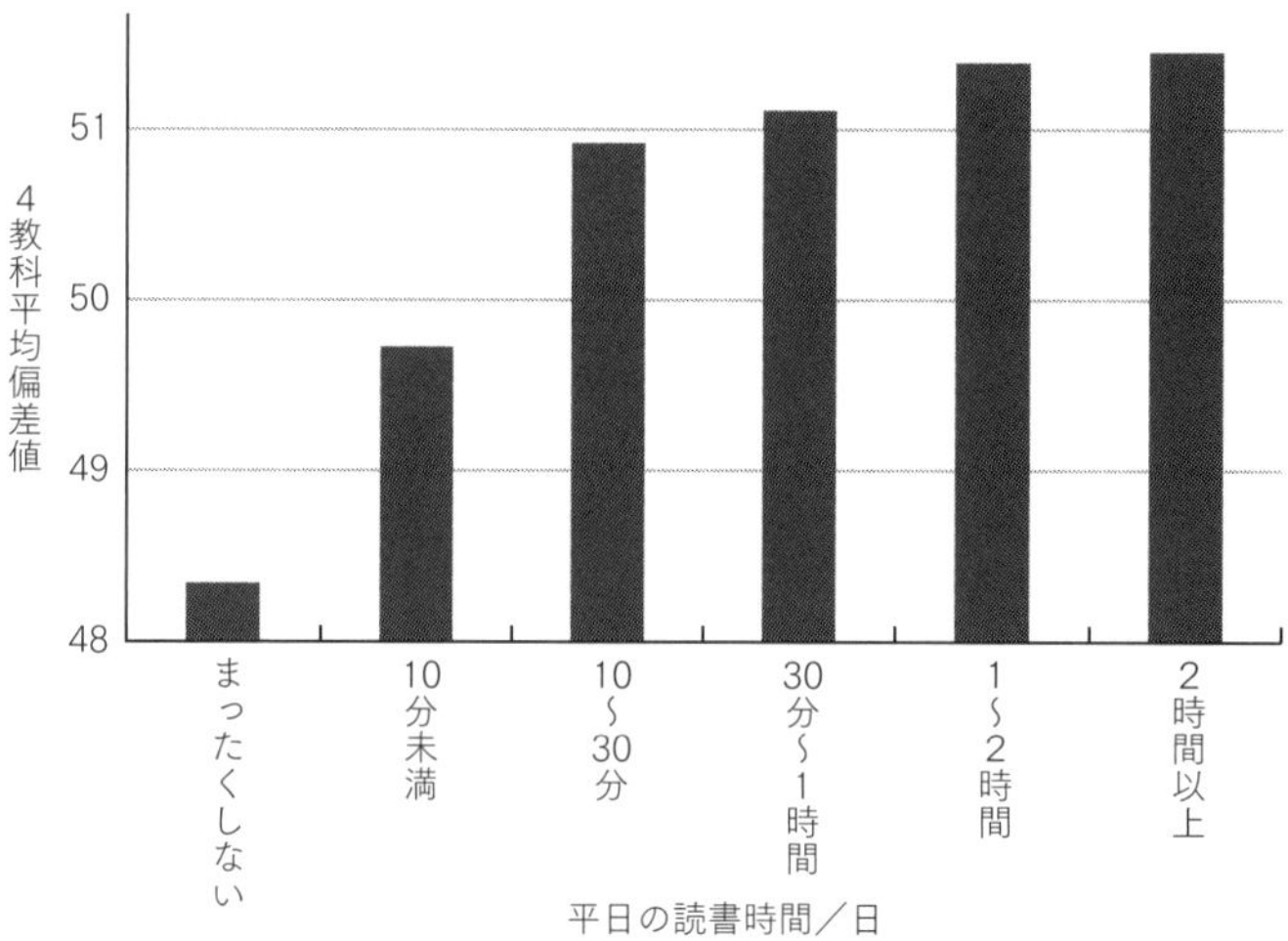

データ：「平成29年度仙台市生活・学習状況調査」解析結果より（東北大学加齢医学研究所）

ここから、次のように言うことができます。**子どもには毎日30分程度の読書習慣をつけることが望ましい、すると、2時間の学習に匹敵する成績アップ効果が期待できる――。**

家庭で読書習慣をつけるためには、子どもが少しでも興味を持つ本をたくさん与えるとよいでしょう。

このとき、親としてはつい、「勉強に役立つものがよいだろう」と、図鑑や百科事典などを与えてしまいがちです。しかし、それらに興味を持たない子どもの場合は、当然ながら手にとることもなく、ほこりをかぶったまま……。そんなご家庭も多いのではないでしょうか。

幼少期の子どもたちの脳発達にとって重要なのは、「何を読むか」よりも「読む習慣をつけること」です。

子どもがヒーローもののテレビシリーズに夢中なら、その関連本からはじめたり、大好きなアニメの原作本を買って渡すのもよいでしょう。

好きなジャンルであれば、たとえわからない文字があっても、子どもは一生懸命に読もうとします。続けていくうちに脳が慣れてきて、小学校中学年ぐらいになると「まとまり読み」ができるようになるはずです。

ちなみに、「漫画でもよいのでしょうか？」という質問をよく受けます。「何も読まないよりはまし」と、私としては答えています。

というのも、漫画を読んでいるときの脳活動も測定したことがありますが、前頭前野はやはり活字の本を読むときほどには活性化していませんでした。それでも、文字が大好きな脳にとっては、漫画の吹き出しの中の文字を読むことで、通常より活性化する反応が見られました。

物語性のある漫画を夢中になって読むのは、脳にとって悪いことではありません。「漫画でいろいろな言葉の意味を覚えた」というのもよくあるケースです。

「勉強の妨《さまた》げになる！」と、子どもから漫画を取り上げる必要はありません。「文字を読むトレーニングの一環」だと考えてかまわないでしょう。

幼少期は「読み聞かせ」で心が育つ

幼少期は、家庭での「読み聞かせ」が、そのお子さんにとっての読書習慣です。学童期の読書習慣は、前述の通り、前頭前野を活性化して思考力や言語能力の発達にポジティブな影響を与えるものでした。

対して、**幼少期の読み聞かせは、感情に関わる「心の脳」の発達に大きな影響を与えることがわかっています。**

子どもが物語を聞いているとき、脳にどんな活動が起こるのかというと、「耳から音を聞く」作業を行うために側頭葉の活動が活発化します。そして、その次に活性化するのが、感情や記憶に関わる「大脳辺縁系」という場所です。
大脳辺縁系は感情が働くときに活動するため、「心の脳」と呼ばれています。

一方、「頭の良し悪し」に関わる前頭前野については、読み聞かせをしている間はあまり働いていませんでした。

そう聞いて、少し残念な気持ちになった親御さんもいるかもしれません。しかし、それは少々早計というもの。なぜなら、**たくさん読み聞かせをしてもらった子どもは自然な文脈で言葉を学習し、情操や感情表現を豊かに発達させていくからです。それだけでなく、本を読む喜び、学ぶ楽しさも身につけていきます。**

それが強力なモチベーションとなって、成長するにしたがって自ら本を読むようになり、「何も言わなくても自分から勉強する子ども」へと成長していきます。

子どもが自分で文字を読めるようになったら、ぜひ読み聞かせの役割を親御さんと交代してください。今度は子どもが音読をして、親御さんがそれを聞く側に回るのです。音読によって子どもの前頭前野が強く活性化し、子どもはさらに「頭のよい子」に成長していくことが期待できます。

読書で「クリエイティブ脳」が育つ

読書の効用について、もう少しお話ししていきましょう。

昨今、私立、国公立大学ともに入学試験にＡＯ入試（総合型選抜）を導入することが増え、範囲は今後も拡大すると予想されています。ＡＯ入試は、ペーパーテストに依存せず、個々の学生の意欲や能力、適性などを総合的に見極めるためのもの。その背景には、知識や技能に加えて、表現力や創造力など、多様な能力を備えた人材を求めるように社会が変化してきたことがあります。

勉強ができるだけでなく、独自の発想で新しい価値を生み出す力、すなわち、だれも思いつかなかったことをゼロから創造したり、イノベーションを起こしたりできる、そんな「創造力」をいかに育成するかが、今後の教育の最大の課題であるといえます。

では、**創造力はどうやって育むことができるのか？** 脳科学的な知見からいえば、**私が現在最も効果的であると考えているのが、読書です。**読書をすればするほど、創造力はどんどん高まることがわかっています。その理由は、読書をするときに働く脳の部位と、創造力を発揮するときに働く部位にあります。

私たちが本を開いて文字を目にしたとき、脳の後頭葉が活動して文字の意味を調べはじめます。次に、目を動かす前頭眼野、言葉を理解するためのウェルニッケ野が働いて、文章の意味をつかもうと活動します。

さらに、前頭前野が活性化して、文章を記憶したり、それをもとに思考をしたりしはじめるのですが、このとき、前頭前野の中でも、語彙《ごい》を格納したり、言葉を扱う部位が特に強く反応します。

そして、**この語彙や言葉を扱う部位は、創造力を発揮するときに活性化する部位でもあるのです。つまり、語彙や言葉の力こそ、私たちの創造力の源泉だということです。**

私たちの研究チームでは、「社員の創造力を伸ばしてほしい」という企業からの依頼を受け、社員にひと月2冊の課題図書を読んでもらい、創造力を測る心理学的テストを行ったことがありました。テストは、例えば「タイヤ」について、「車を移動させる」という使い方以外の方法をできるだけたくさん考えさせる……といった内容でした。

果たして、**課題図書を読んだ社員のスコアは、有意に上昇することが確認されました。**対して、本を読まなかった社員のスコアは横ばいでした。

本を読んで創造力が向上した社員には、その後も自主的に課題図書以外の本を読む傾向が表れるようになり、それに伴ってさらにスコアの上昇が見られました。

先に、情報処理能力や記憶力が高まると、それと関係のない様々な能力も同時に向上する「転移の効果（トランスファーエフェクト）」が起こるといいました。ここでもまた、脳の同じ部位を鍛えることで、その部位が司る能力が全体的に向上する現象が見られたわけです。

新しいアイデアを生み出す能力は、読書で鍛えられる――。

これを常に念頭に置いて、子どもたちに読書習慣を根づかせられるよう、各家庭で積極的に働きかけをしていきましょう。

数字を使った遊びを楽しむ

前章で、脳の前頭前野は文字や数字、記号を処理することが大好きで、一気に脳細胞を活性化させるとお伝えしました。そして、数字に関しては簡単であるほどその効果は高く、2ケタの足し算よりも、ひとケタの足し算のほうが脳はより強く反応すると述べました。

もっと言えば、**単に1から10までの数を素早くかぞえるだけでも、脳は強く活動します。そして面白いことに、その反応は老若男女、共通しているのです。**

原子核物理の研究をしている助教授に、心の中で1から10までかぞえてもらい、その間の脳活動を測定したことがあります。実験の結果、言葉の意味を理解するために働くウェルニッケ野や、前頭前野が活性化することが確認されました。

さらに、大学の物理学の名誉教授から大学生、小学生まで、ひとケタの足し算や引き算を素早くしているときの脳の働きを調べたところ、被験者は共通して前頭前野が強く活性化することも確認できました。

つまり、年齢やそれまでの学習経験に関係なく、どんな人の脳も同じように「単純な計算を素早く行うことで活性化する」と科学的に確かめられたのです。

おはじきやビー玉の数をかぞえたり、1から100まで速くかぞえることを競ったり。もっと年齢が上であれば、トランプの数字をどんどん足していく遊びをしたり。そんな**単純な数字遊びを家庭の中で楽しむことが、子どもにとっては脳発達を強く後押しすることにつながると考えられます。**

最近では、朝の学級活動で百マス計算などの単純な算数ドリルを行う学校も増えてきました。これもまた、非常に理想的な脳の準備運動になるといえます。脳を活性化させ、血流を高めてから学習をスタートさせることで、その後の授業中の記憶力や理解力がグンと高まることが期待できるでしょう。

目と目を合わせた親子の会話で「共感脳」を育てる

人形を動かしながらその人形になりきってしゃべったり、テレビのヒーローになったつもりで見えない敵と戦ったり。そんな、自分以外の〝何か〟になりきる「ごっこ遊び」に、小さいころ夢中になった人は多いのではないでしょうか。

実は、そんな人形遊びやごっこ遊びをしている間中、私たちの「共感脳」は活性化し、発達し続けていることが、最近の研究で明らかになりました。

イギリス・カーディフ大学が行った研究では、脳波活動を測定するヘッドセットを装着してもらった4～8歳の子ども33人に、人形もしくはタブレットのどちらかを使って遊んでもらい、その様子をモニターしました。

すると、**人形遊びをしている子どもの脳内では、情緒や社会的な能力に関わる脳の領域である「上《じょう》側《そく》頭《とう》溝《こう》後《こう》部《ぶ》」が活性化することが確認されました。**

同様の反応は、一人遊びやタブレットを使って遊んでいるときには見られないものでした。

つまり、**子どもたちは人形遊びを通して「他者になりきる」ことで、自分以外のだれかの感情や考えをくみ取るための「共感脳」をトレーニングしていたのです。**

「EQ＝Emotional Intelligence Quotient」という「心の知能指数」の重要性については、皆さんも耳にしたことがあるでしょう。アメリカ・イェール大学の学長であり、心理学者であるピーター・サロベイ氏が提唱した、新たな知性の指標となるものです。

同研究をはじめたきっかけは、「社会的成功者はほぼ例外なく、対人関係能力に優れている」という傾向に着目したことだったといいます。

・他者の感情に気づき、適切な配慮ができる
・相手の感情に配慮しながら、働きかけることができる
・自分の感情に気づき、それをコントロールすることができる
・相手や自分の感情を言葉で言い表すことができる

これらはすべて「感情の知性」であり、その源泉こそが「共感脳」です。共感との関連が強い脳の部位が強く反応する現象は、動物の中でも、人間だけが進化の過程で獲得した特徴といえます。

また、「顔をよく見て話す習慣」も、EQ向上にポジティブな影響を与えます。社会的動物である人間やチンパンジーは、ある対象に出会ったとき、まずは顔を見て個体の識別を行っています。その後も、頻繁に相手の顔を観察しながら、相手の精神状態や健康状態、自分に対して敵対しているのか否かといった情報を収集しています。

このときに働いているのが、脳内の「顔神経」と呼ばれる神経回路で、私たちは相手の顔から得られた情報をものすごい速さで処理して、最適な反応を導き出しているのです。

つまり、相手の顔を見なければ、必要な情報が十分に得られなくなるため、適切な反応をすることができない、ということです。

悪気はないのに相手を不愉快にさせてしまったり、ぎこちない対応になってしまったりすることが多いなら、その原因は、日ごろから相対する人の顔をよく見ていないことにあるのかもしれません。特に、顔神経は相手の目から情報を収集しようとする特性があるため、「目を合わせない」イコール、「相手の感情がつかめない」ということになってしまいます。

親子で会話をするときには、顔を向かい合わせて目と目をしっかり合わせることが大切です。その習慣の積み重ねが、子どもの「共感脳」を鍛え、人の気持ちがわかる子に成長させると考えてください。

成績上位グループの85%は夜10時前に寝ている

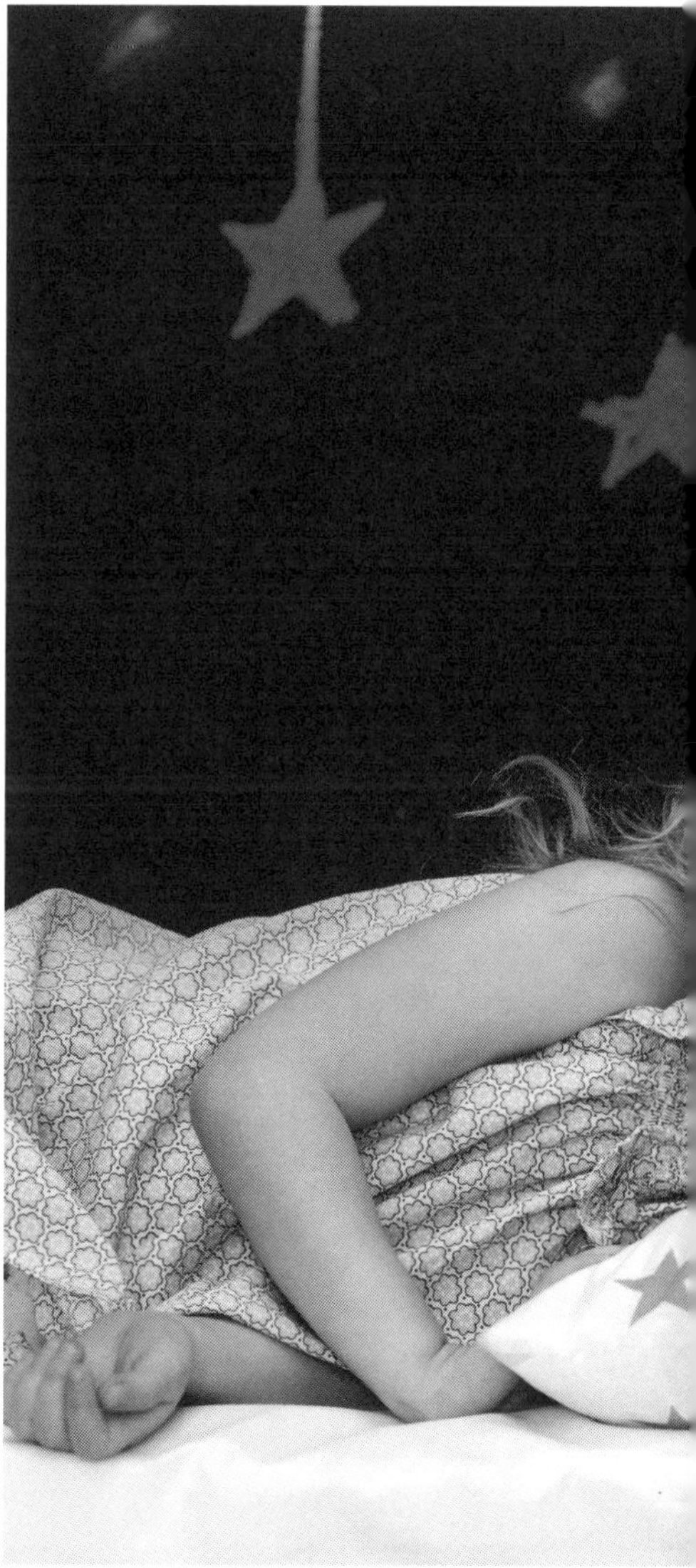

十分な睡眠が脳にとって重要であることは、すでに皆さんご存じのことでしょう。私たちの研究チームは、それを確かめるべく、仙台市の小中学校の子どもたちを対象に、睡眠習慣と成績について調査を行いました。

結果、当初の予想通り、**成績上位グループの約85%の子どもたちは、「午後10時前」もしくは「午後10時から11時まで」に就寝していることが確認されました。**

午前0時以降に就寝している子も中にはいましたが、それはごく少数。対して、成績下位グループの約70％が「午後10時前」もしくは「午後10時から11時まで」の就寝で、午前0時以降に就寝する子どもが約10％いました。

さらに、私たちは全国951人の小学生を対象に、「早寝」「早起き」「睡眠時間が長い」といった睡眠習慣と、様々な認知機能テストの成績との関係を調べました。

その結果は、次のようなものでした。

早起きの子ども 思考力、空間的情報処理能力、図形処理能力が高い

早寝の子ども 言語、空間的情報処理能力が高い

睡眠時間が長い子ども 記憶力、作業力、空間的情報処理能力、図形処理能力が高い

ここから、「早寝、早起き、睡眠時間が長い子どもは、様々な認知機能が高くなって頭がよくなる」ということがわかります。

文部科学省が全国の小中学生を対象に行っている睡眠習慣の調査においても、同

様の傾向を裏づける結果が出ています。

睡眠時間が6時間未満の子どもと6〜8時間の子どもとを比較した場合、睡眠時間の短い子どもは学力だけでなく、50メートル走や持久走などでも成績が大きく劣ることがわかりました。

つまり、「睡眠時間が短い子どもは、頭脳や身体能力などあらゆる面で能力が低くなる」。これは、動かし難い事実なのです。

なぜこうしたことが起こるのか、脳の働きに着目して解説してみましょう。

第1の理由として、「睡眠不足によって脳のエネルギー不足が起こる」ことが挙げられます。

私たちの体は約37兆個の細胞で構成されていて、その細胞の一つひとつには、「ミトコンドリア」という器官が存在しています。ミトコンドリアは各細胞の中に数百から数千という数で存在し、人間の体重の約10％を占めるといわれています。

この無数のミトコンドリアが発電所のように働くことで、私たちの体を動かしたり、内臓を働かせたり、脳細胞を活性化させたりといった、あらゆる生命活動のためのエネルギーを生み出しているのです。

ミトコンドリアは、睡眠が不足すると、その発電所としての働きを低下させてしまうことがわかっています。

皆さんも、睡眠不足の翌日に「体がだるくて動きたくない……」となった経験があるのではないでしょうか。あのような状態になるのは、ミトコンドリアのエネルギー産生不足が原因です。脳細胞がエネルギー不足に陥れば、当然ながら、頭が十分に働かなくなります。脳機能が低下すれば精神状態にも悪影響が表れ、感情が不安定になったり、集中力も低下しますから、学習どころではありません。

脳の発達段階にある子どもが慢性的な睡眠不足になれば、あらゆる認知能力が低くなることは、避けようがないでしょう。

理由の2つ目は、さらに深刻です。なぜなら、脳の構造自体を変質させてしまうからです。

睡眠不足の子どもは、学習や記憶と関わる重要な部位である脳の「海馬」が十分

に発達しなくなることが、私たちの研究によって確認されています。

２００８年（平成20年）から４年間、仙台市の子どもを対象に、脳のＭＲＩ画像で睡眠時間に関する調査を実施、分析したところ、海馬の発達と睡眠時間は正相関することがわかりました。

つまり、**睡眠時間が長い子どもの海馬はよく育ち、睡眠時間が短い子どもの海馬は十分に育っていない、ということです。**

学校の成績にも、それは如実に表れていました。

さらに、２０１４年（平成26年）に仙台市の子どもたちの睡眠時間と学力（国語と算数）の関係を調査したところ、65ページのグラフのような結果となりました。

国語、算数ともに、最も成績がよい子どもの睡眠時間は「8～9時間」であることがわかります。そこから睡眠時間が短くなるにつれて、成績も下降していきます。

面白いのは、**睡眠時間が9時間以上になっても成績は下がっていくということ。**寝過ぎるのもよくない……ともいわれますが、私は「生活が不規則で、睡眠時間が長いわりには良質な睡眠がとれていないため、すっきりと目覚められずにダラダラ寝ている」可能性が高いと考えています。

やはり、「早寝、早起き」も脳発達に欠かせない重要な要素なのです。

理由の3つ目は、「脳内に記憶を定着させるには『レム睡眠』が必須」ということです。

私たちが眠っているとき、深い眠りと浅い眠りを何度も繰り返していることは、皆さんもご存じでしょう。

学習したことを定着させるために非常に重要なのが、この睡眠リズムです。

人間の睡眠は、浅い眠りの「レム睡眠」と、深い眠りの「ノンレム睡眠」が約90分周期で変動しています。このレム睡眠のときに、私たちの脳内では日中に学習したことや経験したことを情報処理し、必要なものを選り分けて記憶に定着させる作業が行われています。

8時間の睡眠時間があれば、記憶定着のためのレム睡眠が6〜7回得られるとい

成績がよい子どもの睡眠時間は「8～9時間」！

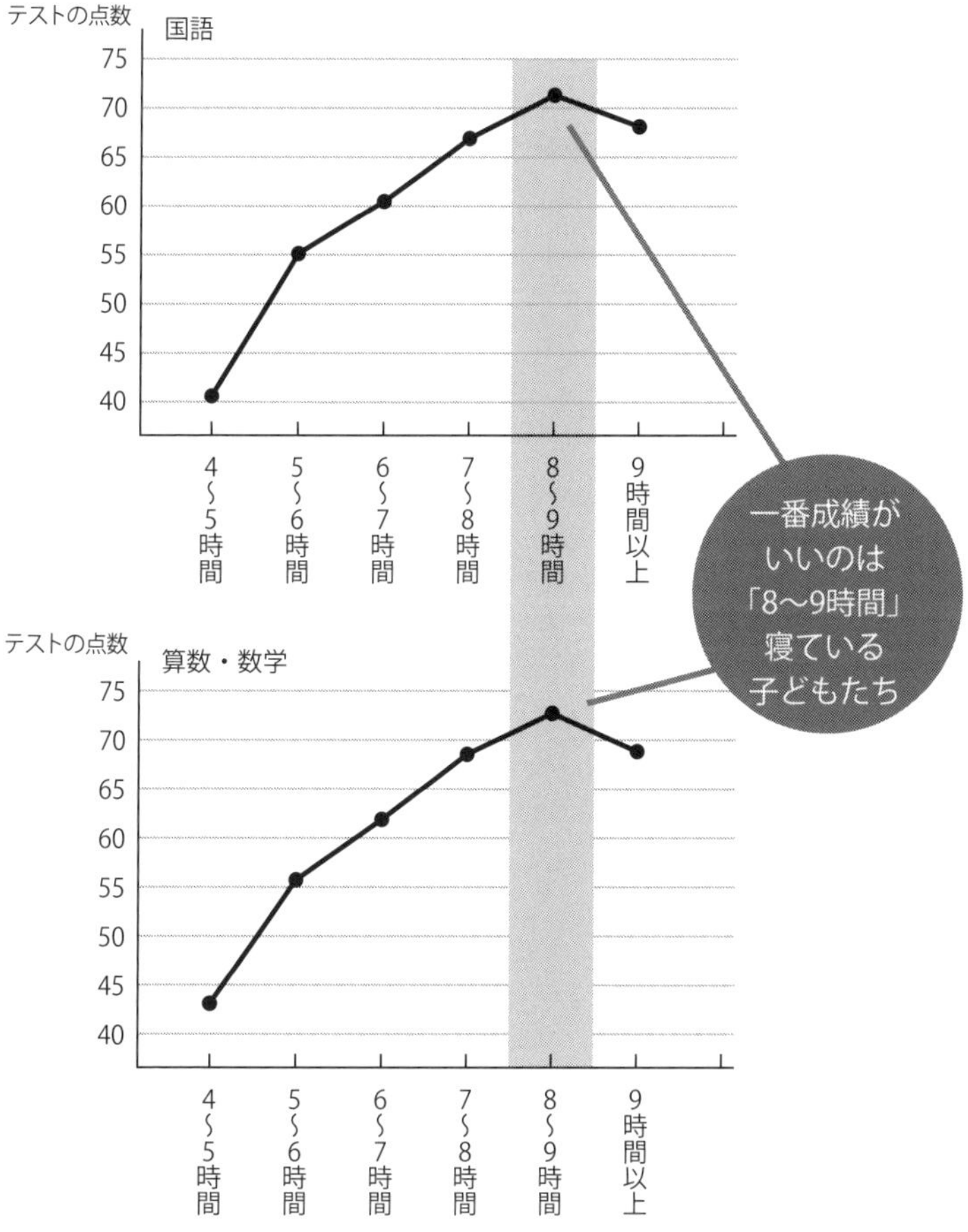

データ:「平成26年度仙台市生活・学習状況調査」解析結果より（東北大学加齢医学研究所）

われています。ところが、睡眠時間が6時間になると、レム睡眠の回数は4回程度になってしまいます。

つまり、記憶を定着させるための回数が減ってしまうということです。

習ったことの復習を毎日6〜7回行っている子どもと、4回行っている子どもの成績を比べたとき、当然ながら後者はかなり不利になるでしょう。

睡眠時間が短い子どもの成績が低くなるのは、必然といえるのです。

私が所属している東北大学で、医学部に合格した学生たちに「大学受験のときには何時に就寝していましたか」と尋ねると、8割方が「夜11時前」と答えます。同様に、民間のある調査では、東京大学合格者のうち「受験期も夜11時前に就寝していた」という学生が約75％もいたといいます。

子どもが夜遅くまで勉強していると、多くの親御さんは「がんばっているから邪魔しないでおこう」と考えがちです。

しかし、このとき子どもの海馬の発達はストップし、記憶定着のチャンスも失うことになっているわけです。そして、試験本番のときには脳内エネルギーが枯渇《こかつ》して、力を発揮できない可能性が高くなります。

成績のよい子どもは、「早寝」「早起き」「最低8時間の睡眠」。

そう心に刻んで、中高生のお子さんであっても夜10時にはテレビを消して就寝することを習慣づけていきましょう。スマホやパソコンも「夜10時以降は触らない」といった約束を取り決めておくことをおすすめします。

小さな子どもの場合は、就寝することを渋ることもあるでしょう。それでも、家全体を消灯して、親御さんも布団へ入ってしまえば、あきらめて隣に入ってきてくれます。昼間元気に遊んでいれば、絵本を2～3冊読み聞かせているうちに、ぐっすり眠ってくれるでしょう。

外遊びが脳の神経細胞を増やす

最近は、外で元気に遊ぶ子どもを見かけることが少なくなってきました。ゲームや動画配信、SNSなど、室内で楽しめるコンテンツが増えたり、ボール遊び禁止の公園が増えたりしたことも影響しているのでしょう。
脳科学者としては、そんな風潮に対して強い危機感を覚えます。

なぜなら、**子どもの認知機能は、外遊びによって大きく向上するからです。**体を活発に動かすことは、頭のよい子に育つための必須要素なのです。

アメリカ・イリノイ大学のチャールズ・ヒルマン教授が8〜9歳の221人の子どもを対象に行った調査によると、週に5日間、2時間の運動プログラムを9カ月行った子どもたちは、認知機能が有意に向上することが確かめられたといいます。

特に、**目標に向けて行動を計画したり、維持したり、適切に変更したりする「実行機能」が向上する傾向が強かったと確認されました。**

なぜこうしたことが起こるのか？

ひとつは、脳の神経細胞の発達にポジティブな影響を与えるということが考えられます。

ネズミを使った動物実験では、運動を頻繁に行える環境に置かれたネズミと、運動を制限されたネズミとを比較したとき、自由に運動ができたネズミのほうが、大脳の体積が有意に増加することがわかっています。

また、脳の神経細胞の成長をコントロールするタンパク質である「ＢＤＮＦ（脳由来神経栄養因子）」は、運動で増加することがわかっています。

そして、ＢＤＮＦは脳の神経細胞間をつなぐ神経線維を増やす働きを持っています。27ページで述べた通り、脳細胞と脳細胞の間に太くて密な高速ネットワークができれば、記憶や学習をする力は飛躍的に向上するでしょう。

ちなみに、高齢者を対象とした研究では、有酸素運動が海馬の体積を増加させることもわかっています。

これもまた、ＢＤＮＦの増加がもたらした可能性が高いと推察できます。高齢者に起こるこうした変化が、脳発達の渦中にある子どもたちに発現しないとは考えにくいでしょう。当然ながら、高齢者と同等、もしくはそれをしのぐ海馬の体積の増加が起こると考えられます。

教育熱心な親御さんの中には、塾通いのために子どもが習っていたスポーツや部活動を中止させようとするケースが珍しくありません。しかし、それはちょっと待ってほしいのです。

外遊びやスポーツをしているとき、お子さんたちは机の前ではできない、脳発達を発現させているからです。

実際に、**運動を取り入れることで学習効果が高まるのも、最近の研究で明らかになりました。**

オランダのフローニンゲン大学が行った小学生を対象にした研究によると、教室で行う通常の学習と、活発に体を動かす授業を組み合わせた生徒の成績は、そうではない生徒に比べて有意に高くなることがわかりました。

さほど成績がよくなかった運動部のクラスメイトが、部活を引退して受験勉強をはじめるや、みるみる成績が上がって、最終的には偏差値の高い学校に難なく合格した……。学生時代にそんなケースを見聞きしたことのある人も多いのではないでしょうか。

運動でしっかり脳を鍛えた生徒が集中して勉強しはじめたとたん、驚くほどのパフォーマンスを発揮する。それは、脳科学的な視点から考えれば必然といえます。

幼少期、学童期にはたくさん外遊びをさせ、中高生になったら本人の好きなスポーツを思いっきり楽しませてください。その間中、子どもたちの脳はぐんぐん成長し続けてくれることでしょう。

「モノのごほうび」より「速攻ほめる」で脳のやる気が燃え上がる

明日はテストなのに、子どもがまったく勉強しようとしない。そんなときには、いったいどんな声かけがベストなのでしょうか。

「テストの点数が悪かったら、今月のおこづかいはなしだからね！」

「テストが80点以上だったら、欲しがっていたゲームを買ってあげるよ」

こんな声かけをしている親御さんは少なくないでしょう。

しかし、親御さんがどんなによかれと思って発した言葉であっても、不安をあおったり、ごほうびを約束したりするような声かけは、子どもの成績に悪影響を与えてしまうかもしれません。

なぜなら、私たちの研究グループが行った研究で、「目的意識を持って自主的に学習する子どもほど学力が高くなる」傾向があることが明らかになったからです。


不安感やごほうびからは、目的意識は芽生えません。

では、いったい何が子どもの目的意識を引き出すのか。

仙台市の小学5年生から中学3年生、約4万3000人を対象にした調査、分析から、次の要素が浮かび上がってきました。

①家族にしっかり話を聞いてもらえる環境をつくる

「家の人に話をしっかり聞いてもらっている」という項目に対して、成績上位4分の1グループは約60％が「当てはまる」と回答しました。対して、成績下位4分の1グループは約50％と、約10％の差がありました。

「なんだ、10％か」と、とっさに思ってしまうところですが、統計的には意味のある差といえます。家族とのコミュニケーションが密であるほど、学力が高まる傾向にあることは間違いありません。

私たちは、同時に「何のために勉強をするのか?」を問う質問群の中で、「自分の将来のため（目的意識）」や「知りたいことがあるから（探求心）」について自分がどれだけ当てはまるかを自己評価してもらうアンケート調査も行いました。そして、これらの調査データを心理学、認知科学、脳科学の研究者に提出して解析を依頼。**その結果、家族とのコミュニケーションが多い子ほど、目的意識や探求心が高まる傾向のあることがわかったのです。**

②親子で一緒に過ごす時間を長くする

コミュニケーションの時間の長さも、子どもの脳には非常に大きな影響を与えます。

私たちは、5歳から18歳の230人の子どもの脳画像と、親と過ごす時間に関するアンケート調査、そして知能検査を解析した研究からその事実を明らかにしました。親子で一緒に過ごす時間が長い子どもほど、言語や言外のコミュニケーションに関わる領域の体積が大きく発達していたのです。

こうした脳の変化が子どもたちにどのような影響をもたらすのか。その答えが知能検査にはっきりと表れました。

2回行われた知能検査で、1回目は親と過ごす時間が長い子どもほど言語能力が高いことが示され、その数年後に行った2回目の検査では、言語能力の上昇がより大きいことがわかったのです。

子どもたちの言語能力を飛躍的に向上させるブースターは「親子でたくさん会話すること」だったのです。

③その場ですぐにほめる

子どもにポジティブなほめ言葉をかけると、前頭前野が非常に強く反応します。

つまり、**不安やごほうびなどではなく、「親のほめ言葉」こそが、子どものやる気に火をつける効果が高いということです。**

ただし、ほめるのにはコツがあります。

ひとつは、「その場ですぐにほめること」です。

子どもが宿題のプリントを手に、「ほら、この問題は難しかったけれど、すぐにわかったよ。マルをつけて！」と言ってきたとしましょう。

そのときにちょうど掃除機をかけていたり、料理をしていたりすると、「終わるまでちょっと待っててね」と言ってしまいがちですが、それはNG。家事が終わってからほめたとしても、子どものやる気には火がつきません。

子どもがプリントを持ってきたときに、手を止めてしっかり向き合い、正解した問題に大きくマルをつけながら、「よくできたね、いつもがんばっているね」と〝すぐにほめる〟のが、正解です。

子どもの前頭前野を強く刺激するには、「即時性」が非常に重要なのです。とにかく「その場で」「すぐに」ほめることを大切にしてください。

④結果ではなく、プロセスをほめる

学力を向上させるためには、子どもの「内発的意欲」が大切です。

なぜなら、自分の内側から湧き出てくる「目標を達成したい」「知りたいから調べたい」「知らないことがわかるのは楽しい」といった気持ちが、子どもが学習をするうえで、強烈なモチベーションになるからです。

対して、「叱られたくないから」「ごほうびをもらえるから」「人からすごいと言われたいから」というのは、「外発的意欲」です。

私たちの調査によると、内発的意欲がある小中学生と、外発的意欲がある小中学生を比較したとき、より学力が高いのは、やはり内発的意欲があるグループでした。

そのため、テストでよい点をとってきた子どもをほめるときに「いい点ですごいね」と結果をほめると、外発的意欲をかきたてることになってしまい、学力アップどころか逆効果になることも。

内発的意欲を高めるためには「毎日がんばっていたもんね」「できない問題も何度もやり直したからだね、すごいね」と、子どもがやるべきことを行ったプロセスに絞って、具体的にほめることが重要です。

侮蔑ワードは厳禁！ 脳へ「平手打ち」のダメージを与える

一方、やる気スイッチである「ほめ言葉」とは真逆のネガティブワードを子どもへぶつけると、いったい何が起こるのでしょうか？

実は、**「バカ」「頭が悪い」「ダメな人間だ」などの侮蔑的な言葉をかけると、「顔面平手打ち」をしたのと同程度のダメージを脳に与えることがわかっています。**

オランダのユトレヒト大学が行った研究によると、79人の被験者の頭部に脳波計と電極を装着したうえで侮蔑と賛辞、それぞれの意味を含む文章を読み上げてもらったところ、被験者たちの脳は侮蔑の言葉に対してより素早く、敏感に反応することが確認されました。

さらに、何度も侮蔑が繰り返されると、頬《ほお》に平手打ちを受けたときと同等のダメージが脳に加わり、それが長期間留まることもわかったのです。

近年、家庭内や教育現場でのモラルハラスメントが問題視されるようになりました。

家族や親しい間柄になると、遠慮がなくなってしまい、感情的になってついつい、相手に辛辣《しんらつ》な言葉をぶつけてしまうこともあるでしょう。しかし、そんな侮蔑的な言葉が、例えば親から子どもへ日常的に注がれることは、まさしく「言葉の暴力」となってしまうのです。

親御さん側でも、「子どものころに親からかけられた否定的な一言が今でも忘れられない」という人が、少なからずいるでしょう。

心と記憶に刻まれて、自尊心や自己肯定感を損なうことにもつながり、子どもの成長にとって何もよいことがありません。まさに、平手打ちレベルの「脳へのダメージ」です。

ネガティブワードを子どもにぶつけることは、家庭内では禁忌《タブー》とすることをおすすめします。

それでね
ところで
さらに

・・・・・・

テレビ、動画の視聴が少ないほど言語能力が育つ

子どもの言語能力の源泉は、親子のコミュニケーションであると先にお伝えしました。そして、それを阻害する最大の要因がテレビや動画の視聴です。

インターネットの広がりとともに、子どもたちのテレビ離れが進んでいるといわれます。2022年（令和4年）の総務省調査によると、10代の平均視聴時間は平日で46分、休日で69・3分であることがわかりました。

テレビ視聴時間が長くなることで、子どもの脳にどんな影響を与えるのでしょう

か。

私たちはそれについて明らかにするべく、5歳から16歳の子どもたちの脳画像や、1日あたりのテレビ視聴時間、各種生活習慣に関するアンケートの調査結果、言語能力を含めた知能検査データなどを収集し、解析を行いました。

最終的に216人の子どもたちのデータを分析したところ、**テレビ視聴時間が長くなるほど、言語能力が低くなることが判明したのです。**

脳画像を調べた結果からも、テレビ視聴時間が長い子どもほど、脳の前頭葉や頭頂葉などの広い範囲で脳発達に悪影響が表れていることが確認されました。

中でも、言語に関わる活動中に働く前頭前野の部位が未発達になることがわかりました。その結果が、知能検査でもはっきり表れたということです。

私は、テレビ視聴時間が生活時間の多くを占めてしまい、脳発達を促すほかの事柄を経験する時間が短くなってしまうことが、大きく影響していると考えています。つまり、子どもの脳を大きく成長させる因子となる、親子の会話や読書、運動といった時間がテレビ視聴時間によって大きく削られてしまった結果だ、ということです。

私が親御さんたちへこうした話をすると、「うちの子は、テレビはほとんど見ていないから大丈夫」と言う人が多くいます。しかし、問題はテレビだけではありません。

なぜなら、今やテレビに取って替わる動画コンテンツが、次々と登場しているからです。最近では、YouTubeやTikTok、もしくは有料の動画配信サービスなどは、テレビと同じかそれ以上に子どもの生活時間を奪うようになってきました。

動画コンテンツということでは、テレビであれインターネットであれ、脳への影響はほぼ同じ、と考えていいでしょう。ある意味、テレビよりもインターネットの動画コンテンツのほうが、子どもの脳にとってはネガティブな影響を与える恐れもあります。

次項でその理由について解説します。

スマホの使用は1日1時間未満にする

「子どもがスマホを使い過ぎているんじゃないか……」「インターネットで動画ばかり見ているけど大丈夫？」そんな不安を持つ親御さんは多いことでしょう。

その懸念は、当たっています。インターネット機器、特にスマホを長時間使っている子どもは、認知機能が低下して学力も下がることがわかっています。

これまで紹介してきた通り、仙台市の小学生から高校生の脳の発達について、私は長期間にわたり幅広く調査、研究を行ってきました。

その過程で、インターネット機器が子どもたちの脳にいかに深刻な影響を及ぼしているか気づいたとき、私は背筋に冷たいものが走るのを感じました。

中でも特に恐ろしいのが、「スマホを長時間使うと、学校で勉強したことが頭の中から消えてしまう」という事実でした。

私たちがスマホに関する本格的な調査をはじめたのは、２０１３年（平成25年）のことでした。仙台市の中学生を対象に、平均的な家庭での勉強時間とスマホの使用時間、国語と数学のテストの正答率を調査、分析したところ、やはりスマホを長時間利用している子どもほど、正答率が低いことがわかったのです。

勉強時間が30分未満、つまり、自宅学習をほぼしていない子どもの数学の正答率をスマホの利用時間別に見ると、次の通りでした。

・スマホ未所持、もしくは1時間未満しか使っていない子どもの正答率＝63％

・スマホを4時間以上使っている子どもの正答率＝47％

100点満点のテストでいえば、スマホを使っている子どもは、使っていない子どもより平均点が15点も低かったのです。

そこまではなんとなく予想はついていました。ところが、次の分析結果に、私は驚愕しました。

「家庭で2時間勉強していても、スマホを長時間使っていると、まったく勉強していない子どもより悪い成績になってしまう」。これは予想外でした。

私たちはその後も調査を続け、次のようなことも判明しました。

・スマホを1日1時間以上使い続けた子どもは、どんどん成績が下がった
・もともと成績がよかった子どもも、スマホを1日1時間以上使うと成績が大きく下がった
・スマホの使用を1日1時間未満に抑えた、もしくは使用をやめた子どもは成績が向上した

さらに私たち研究チームは、スマホの利用時間別に「テストの成績」「勉強時間」「睡眠時間」との関係について、2018年に調査を行いました（88〜89ページグラフ参照）。調査の対象となったのは、仙台市に住む約4万人の小学5年生から中学3年生です。

その結果はやはり、長時間のスマホ使用が確実に学力に悪影響を及ぼしていることを示していました。先の調査と同様に、同じだけ勉強して、同じだけ眠っていても、スマホを長時間使用していると成績が悪くなることがわかったのです。

グラフの棒の高さは、国語、算数（数学）、理科、社会4教科の平均偏差値を表しています。横軸は平日の家庭学習時間、奥行き方向は睡眠時間をとった、3次元棒グラフです。

濃いグレーが平均以上（偏差値50以上）、薄いグレーが平均以下（偏差値50未満）を表していますが、「スマホ使用1時間以上」と「スマホ使用1時間未満」を比べれば、一目瞭然。圧倒的に1時間未満のほうが、成績がよいことが見てとれます。

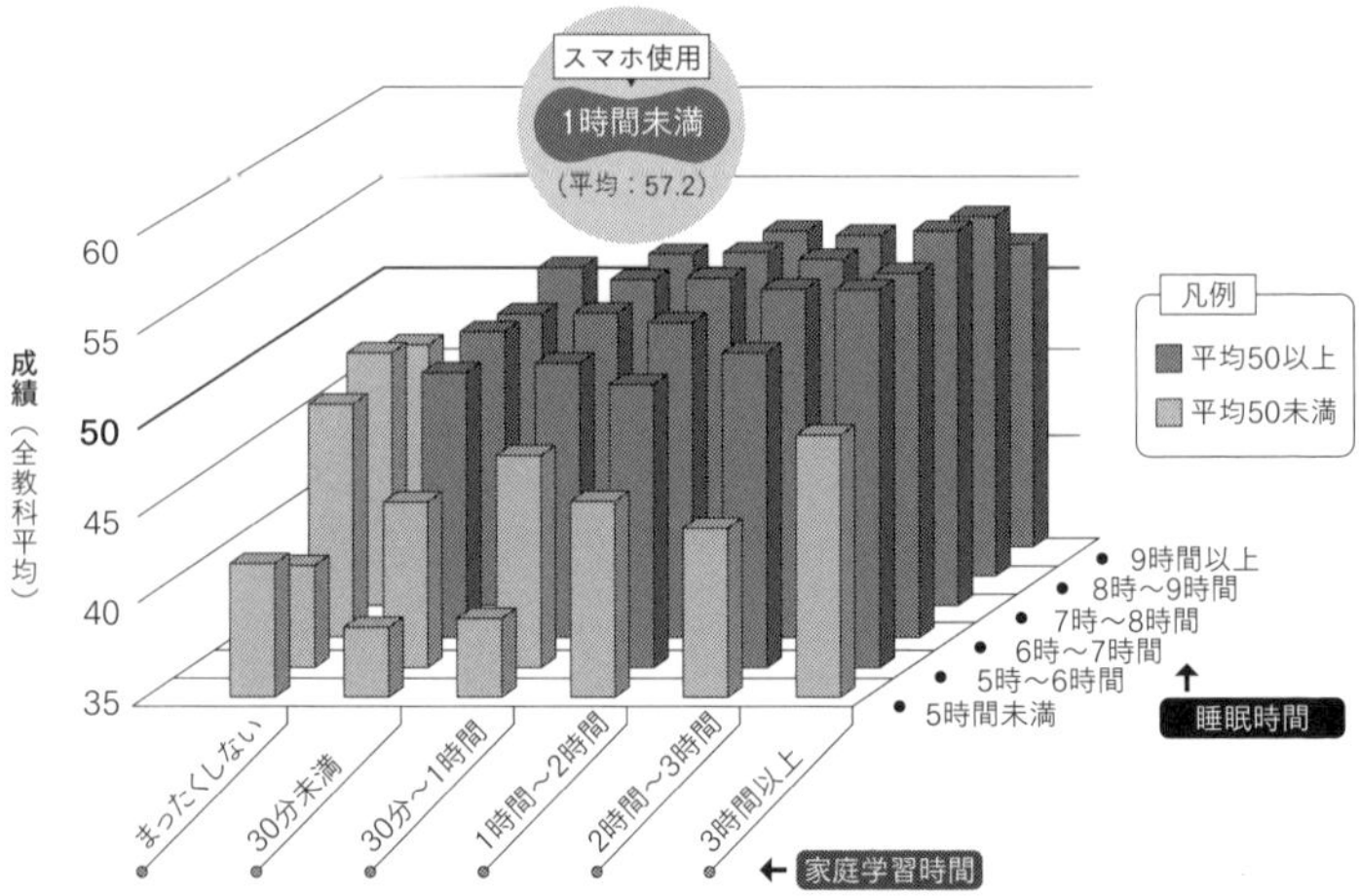

例えば、「睡眠時間7〜8時間」という同じ条件で見てみましょう。スマホ使用1時間未満の場合は、家庭学習時間が「30分未満」でも平均を超えていますが、スマホ使用1時間以上だと「1〜2時間」勉強して、ようやく平均を超えることができています。

つまり、「スマホを1時間以上使用している子どもは、スマホ使用が1時間未満の子どもの倍以上の時間をかけて勉強をしないと成績が追いつかない」ということ。時間をかけて勉強していても、しっかり睡眠をとっていても、スマホを長時間使っているとその効果が帳消しになるという、驚くべき

1日1時間以上のスマホ使用で成績ダウン

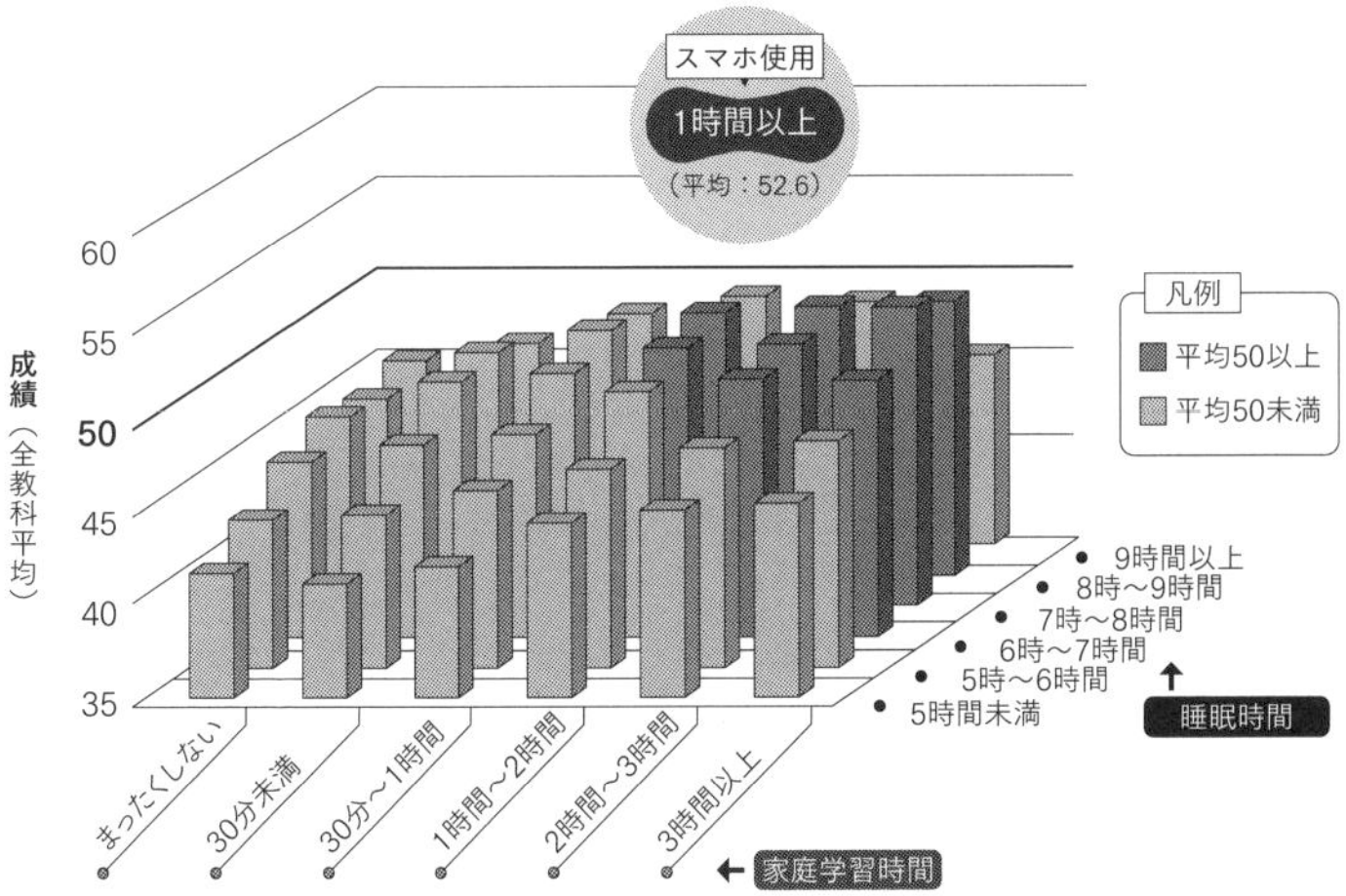

データ:「平成30年度 仙台市標準学力検査、「仙台市生活・学習状況調査
（小学5年生～中学3年生のスマホ所有者対象）」解析結果より（東北大学加齢医学研究所）

事実がわかったのです。

この違いが数カ月、数年に及んだとき、当然ながら学力に大きく差がついてくることは間違いないでしょう。

現代の小中学生にとって、スマホを持たない、あるいは触らないようにするのは現実的な話ではないかもしれません。その場合、ターニングポイントとなる「1時間以上の使用」を超えないようにすることが重要です。

脳への悪影響について子どもによくよく話して聞かせたうえで、ご家族でスマホ使用に関するルールを決めることを強くおすすめします。

メッセージアプリは「使わない」がベスト

「子どものスマホの使用は1日1時間未満にしたい」と前項で述べましたが、ひとつ注意点があります。

それは、**「メッセージアプリの場合は、たとえ使用時間が1時間未満であっても成績が下がる」**ということです。

この事実は、2014年（平成26年）に私たちが行った、LINE等の使用時間と学力の関係を調べた調査から明らかになりました。LINEは、中高生が最も親しんでいるメッセージアプリです。

調査を分析した結果わかったのは、**使用時間が1日1時間未満であっても、何時間勉強していても、睡眠時間をどんなにとっていても「LINEを使ったら使った分だけ成績は下がる」「LINEの使用は直接的に学力を下げる効果が強い」**ということでした。

具体的には、「LINE等を1時間使うと国語、数学、理科、社会の4教科のテストの総合点が平均で約15点下がり、2時間使うと約30点下がる」といった結果が出たのです。

また、2017年に新たに調査した、LINEの使用状況と4教科の平均偏差値の結果は次の通りでした。

・ＬＩＮＥをまったく使わない群　：偏差値50・8
・ＬＩＮＥの使用が１時間未満の群：偏差値50・2
・ＬＩＮＥの使用が１～２時間の群：偏差値47・7
・ＬＩＮＥの使用が２～３時間の群：偏差値45・1
・ＬＩＮＥの使用が３～４時間の群：偏差値43・0
・ＬＩＮＥの使用が４時間以上の群：偏差値40・6

ＬＩＮＥを使っているかいないかで、偏差値に10以上の差が出ることに驚きました。

親御さんたちは、我が子のことが心配になったかもしれません。

しかし、安心してください。同調査では、「ＬＩＮＥの使用をやめた子どもの成績は上がる」ことも確認されているからです。

成績がよかった子どもはもちろん、もともと成績が低かった子どもであっても、ＬＩＮＥの使用をやめると成績が向上するのは同じでした。

子ども同士のコミュニケーション上、完全に使用を中止させることは難しいかもしれません。部活やクラスの連絡事項などをメッセージアプリでやりとりしているケースも多いと思います。

その場合には、最小限のやりとりに留めるよう強くおすすめします。

子どもが受験期であった場合には、また違う選択が必要でしょう。受験の合否がメッセージアプリの使用、未使用で大きく変わることも十分に考えられます。メッセージアプリの使用を続けることと、受験の合格、どちらが重要であるかは明らかです。

子どもにはしっかり話して聞かせたうえで、受験が終わるまでアプリを削除する、もしくは封印することをおすすめします。

勉強中にスマホは使わない

昨今は、厚生労働省が教育分野におけるＩＣＴ（情報通信技術）環境の整備、活用を推進しています。そのため学校では、生徒一人に1台ずつ端末が渡され、いわゆるタブレット学習が推進されています。

私は、この動きについては「もっと慎重であるべき」と考えています。

理由のひとつは、これまでに述べてきた通り、インターネット端末の使用による、子どもたちの認知機能への悪影響です。

私は、子どもたちが言葉の意味を調べるときに、辞書を使った場合とスマホでウィキペディアを使った場合の脳血流の違いについて、調べたことがあります。

その結果、**辞書を使った場合、被験者の脳の前頭前野は血流が増加したのに対し、スマホの場合は血流が減少し、脳の働きに抑制がかかることが確認されました。**

つまり、**本来、脳の大好物である学習をしたとしても、スマホを用いると脳はやる気を失って、その働きを低下させてしまうのです。**

理由の2つ目は、心理的な弊害です。

学生にスマホを背後に置いて情報処理の作業を行ってもらい、その間にＬＩＮＥの通知音と、通常のアラーム音を鳴らすという実験を行ったことがあります。

その結果、アラーム音には反応がありませんでしたが、ＬＩＮＥの通知音が鳴ったとたん、学生たちの情報処理能力や注意力が低下することが確認されました。

つまり、**「自分に対して意味のあるメッセージが届いた」という通知音に対して、人間は強く注意を引かれてしまう傾向があり、それが学習効果を大きく減退させてしまうのです。**

3つ目は、「脳はマルチタスクが苦手」ということです。

学生時代にラジオや音楽を聴きながら勉強した経験がある人は多いことでしょう。実は、脳にとっては、こうした「ながら勉強」はたいへん効率の悪いことなのです。

勉強に集中しているつもりでも、そこにラジオの音声が流れてくると、脳は聞こえてくる言葉の情報処理を自動的にはじめてしまいます。そしてまた学習中の情報処理に戻り……と、目まぐるしく処理をする対象の切り替えを行うため、学習効率が格段に落ちてしまうのです。

つまり、私たちはマルチタスクをしているつもりでも、脳はシングルタスクを目まぐるしく切り替えているだけなのです。切り替えが多くなるほど、学習の効果は低下し、ただ脳が疲労していくのみ……となってしまいます。

つまり脳はひとつの作業に集中したときに、そのパフォーマンスを最大限に発揮するようにできているのです。

ところが……、勉強中にスマホを使っている子どもに対して、私たちがアンケート調査をしたところ、次のような恐るべき結果が出てきました。

スマホが「ながら勉強」を当たり前にする

※中学1年生から中学3年生2万5016人対象（うちスマホ未所持8096人除く）

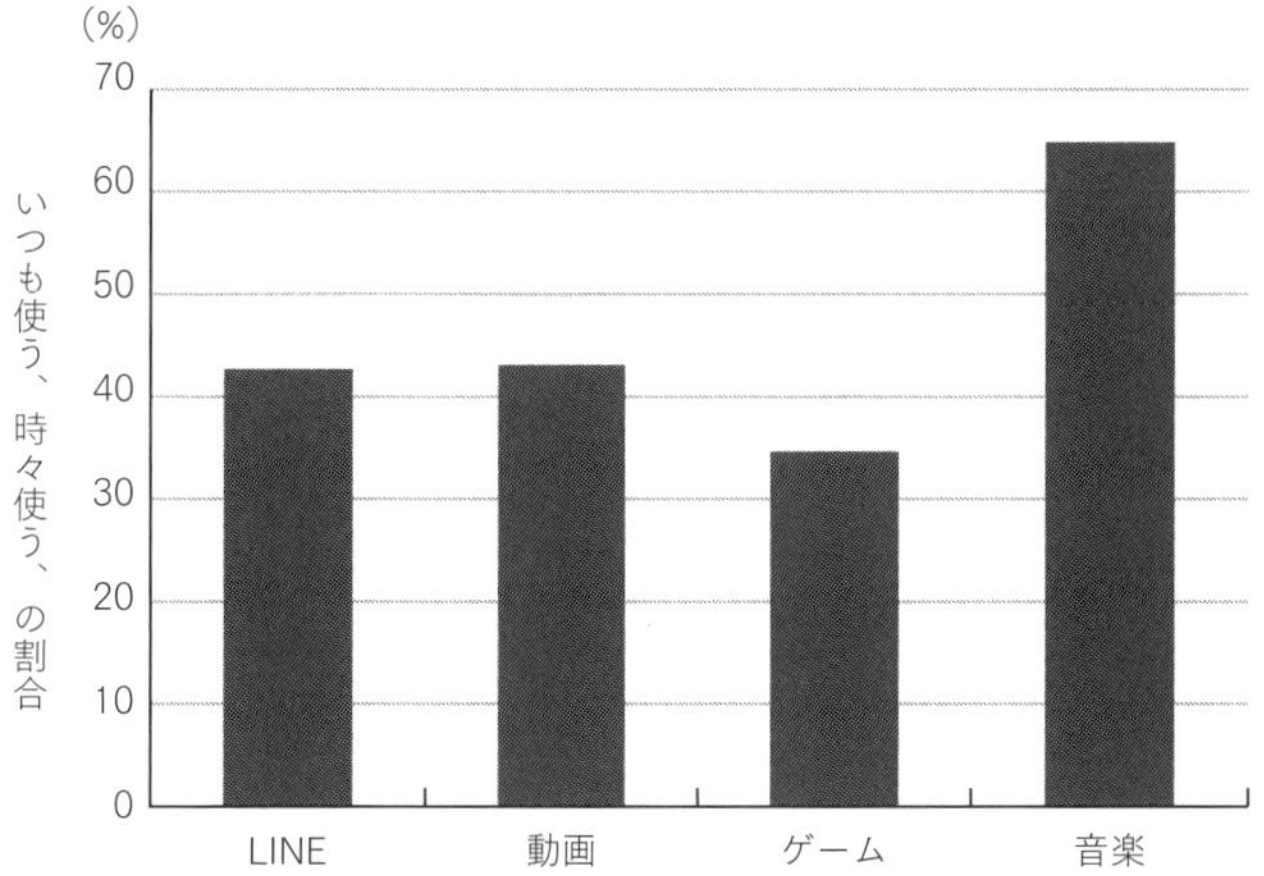

勉強中に使用するアプリの数

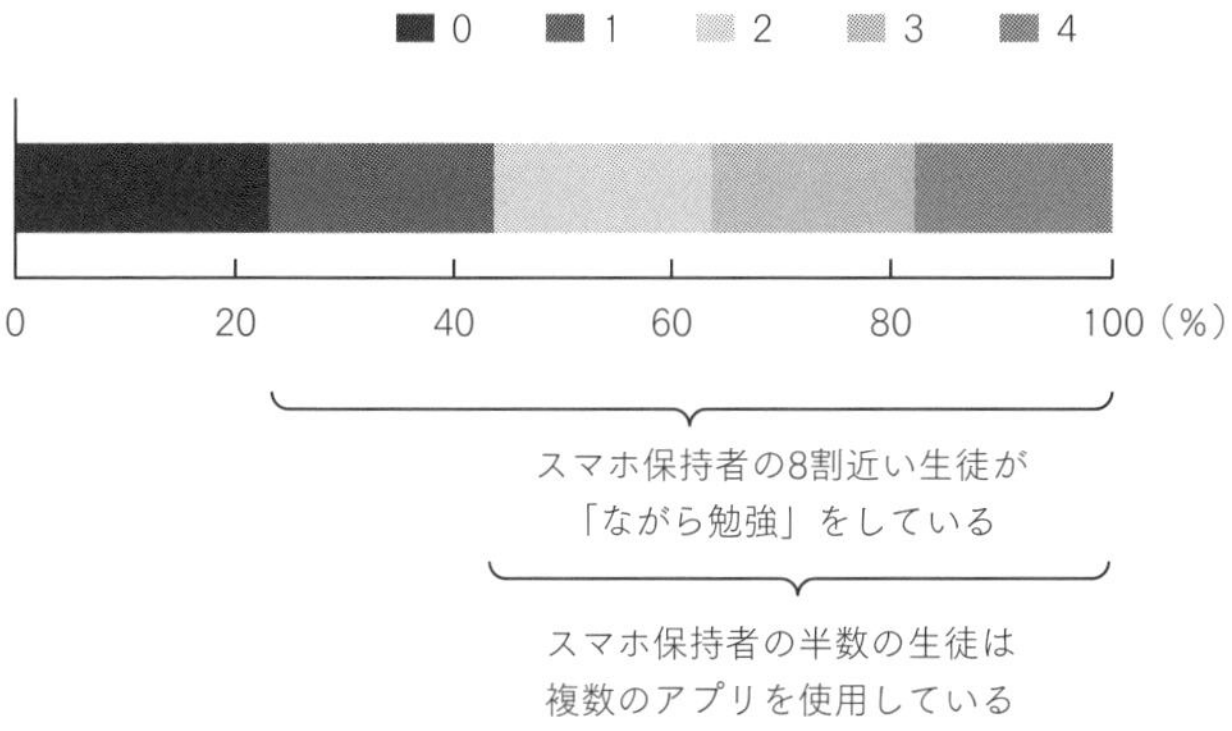

データ：「平成27年度仙台市生活・学習状況調査」解析結果より（東北大学加齢医学研究所）

前述の調査から、約8割の生徒が「ながら勉強」をしていることが判明しましたが、中には勉強中に4つのアプリを使っている猛者《もさ》もいました。
勉強中に音楽アプリを使っている生徒は65%、LINEや動画がそれぞれ約40%、ゲームが40%弱という内訳です。

私たちは成績も含めて調査を行いましたが、結果はやはり、**勉強中に使用するアプリの数が多いほど成績は低下していました。**

そして、驚くべきことに、彼らの成

勉強中に使用するアプリ数と成績

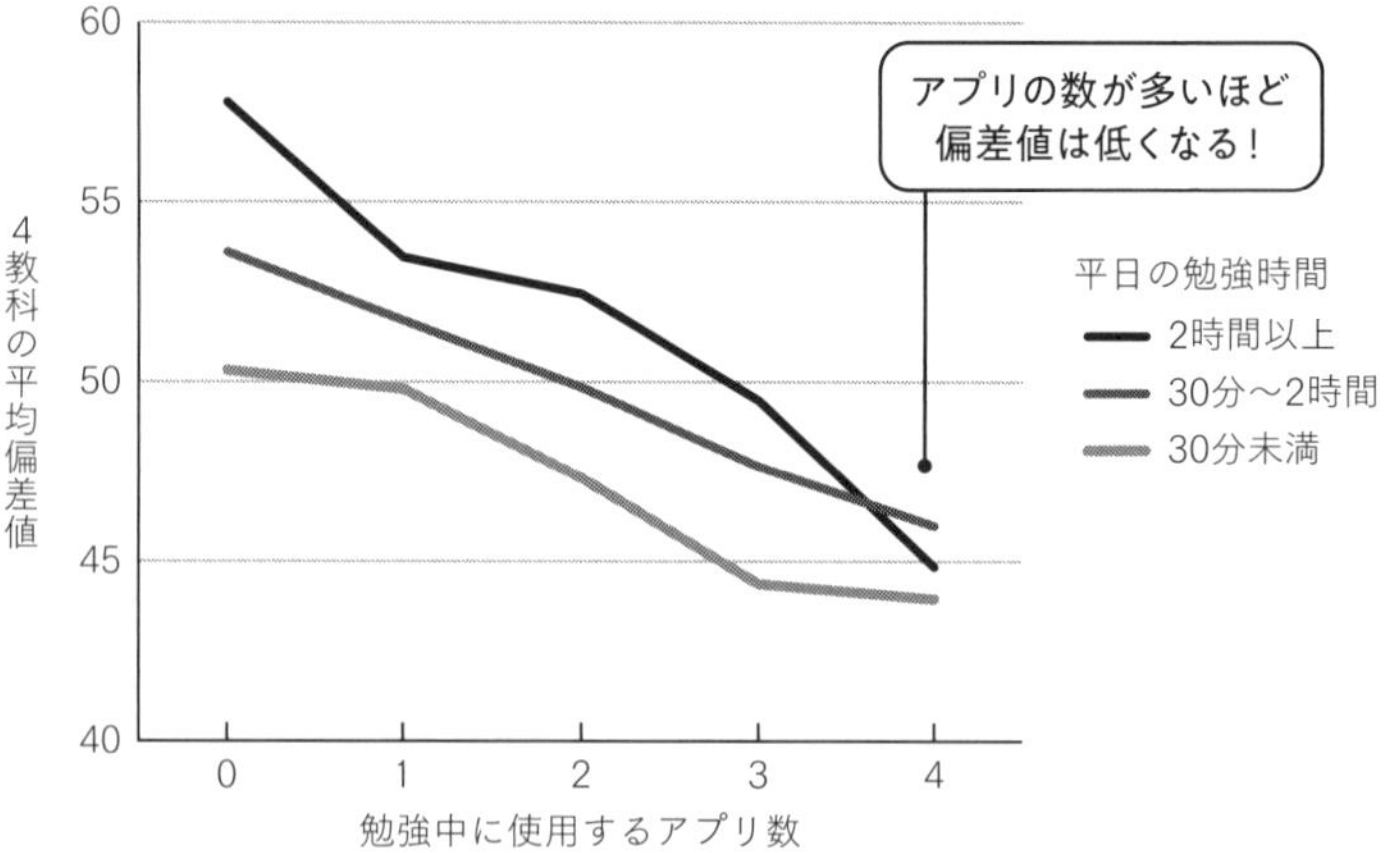

データ:「平成27年仙台市生活・学習状況調査」解析結果より(東北大学加齢医学研究所)

この度はご購読ありがとうございます。アンケートにご協力ください。

本のタイトル

●ご購入のきっかけは何ですか?(○をお付けください。複数回答可)

1 タイトル　2 著者　3 内容・テーマ　4 帯のコピー
5 デザイン　6 人の勧め　7 インターネット
8 新聞・雑誌の広告(紙・誌名　)
9 新聞・雑誌の書評や記事(紙・誌名　)
10 その他(　)

●本書を購入した書店をお教えください。

書店名／　(所在地　)

●本書のご感想やご意見をお聞かせください。

●最近面白かった本、あるいは座右の一冊があればお教えください。

●今後お読みになりたいテーマや著者など、自由にお書きください。

どうもありがとうございました。

郵便はがき

おそれいりますが
63円切手を
お貼りください。

1028641

東京都千代田区平河町2-16-1
平河町森タワー13階

プレジデント社
書籍編集部 行

フリガナ		生年（西暦）　年	
氏　名		男・女	歳
住　所	〒 TEL　（　）		
メールアドレス			
職業または学校名			

ご記入いただいた個人情報につきましては、アンケート集計、事務連絡や弊社サービスに関するお知らせに利用させていただきます。法令に基づく場合を除き、ご本人の同意を得ることなく他に利用または提供することはありません。個人情報の開示・訂正・削除等についてはお客様相談窓口までお問い合わせください。以上にご同意の上、ご送付ください。
＜お客様相談窓口＞経営企画本部 TEL03-3237-3731
株式会社プレジデント社　個人情報保護管理者　経営企画本部長

績は勉強時間とは関係がありませんでした。つまり、短時間勉強しようが、長時間勉強しようが、どちらにしても勉強中にアプリを使っていれば成績は下がる、という結果だったのです。

どんなに勉強に時間を費やしても、一度使ったら水の泡。そんなスマホは、勉強中は物理的に遠ざけることが必須です。2時間「ながら勉強」をするよりも、1時間勉強だけに集中したほうが、はるかに学習効果は高くなります。

勉強する部屋にはスマホやタブレットは持ち込み禁止にして、集中しやすい環境づくりを心がけるようにしてください。

親の過度なスマホ使用は子どもの情動に悪影響

スマホなどのインターネット端末が小中学生の脳発達や学力にネガティブな影響を与えるしくみについて、ご理解いただけたことと思います。

では、もっと年齢の低い、幼少期の子どもの場合はどうでしょうか。

さすがに幼少期の子どもに専用スマホを買い与える親御さんはいないと思います

が、親御さんのスマホを渡して動画を見せるケースはよく見聞きします。

公共の乗り物に乗っているときに大人しくしてほしいからその間だけ……などといった事情があるのはわかります。しかし、その間、子どもの前頭前野の脳血流は低下し、働きが抑制され続けるということはぜひ、頭に入れておいてください。

さらに私が懸念するのが、子どもと一緒にいるときに長時間、スマホ操作に夢中になっている親御さんたちです。それが結果的に子どもの脳発達にブレーキをかけてしまうおそれがあるのです。

たとえまだ言葉がわからない乳幼児期であっても、赤ちゃんはお父さんやお母さんの声をしっかり聴き分けており、声をかけられるたびに、脳を活発に働かせていることがわかっています。脳画像を見ると、親に声をかけられると赤ちゃんの脳血流は高まり、強く活性化している様子が確認できます。

声をかけられ、視線を合わせる親子のコミュニケーションの中で成長することで、子どもは愛着を形成したり、情動に関わる脳の働きを発達させているのです。

子どもは、親と築いた愛着形成が土台となって、人間関係をうまく構築できるようになったり、情愛を司る脳を発達させて、優しさや共感を備えた人間へと成長することができます。

この重要な時期に親から声をかけられず、視線も合わせずに育った子どもは、情動を十分に発達させることができないおそれがあります。

愛着を形成したり、情動を育てたりするべき乳幼児期に、いつも親御さんがスマホに目を向けていたら、子どもたちがどうなるか想像に難くありません。

また、74ページ以降で親子間のコミュニケーションが多い子どもほど言語能力が高くなるとお伝えしました。その逆もまたしかりで、コミュニケーションが少なくなるほど、子どもの言語能力を司る脳が育たなくなってしまいます。

スマホだけでなく、テレビやゲームも同じです。家族で食事をするときにスマホをいじりながら、また、テレビをつけっぱなしにしながらで、ろくに会話もなし……では、子どもの脳の成長は望めません。

乳幼児期の子どもと一緒にいるときには、できる限りスマホは片づけ、テレビを消して、会話やアイコンタクトをすることを最優先にしてください。

社会的動物である人間は、人と会話をすることで脳が大いに活性化するようにできています。家庭内での対話の時間を豊かにすれば、子どもだけでなく、親御さんの脳も生き生きと活気づくはずです。

「明るい未来」について親子で会話する

「将来、こんなことをやりたい」「いつかこんな夢をかなえたい」。そんな明るい未来を夢見ている子ども、将来の目標を持っている子どもほど学力は伸びていきます。

というのも、東北大学の研究チームが仙台市の中学生のアンケート調査の結果をAIを使って分析したところ、「将来の夢がある」と答えた子は、そうではない子と比べて偏差値が高くなる傾向があることがわかったのです（左ページ上のグラフ）。

要は、人は目標がしっかり定まることで、はじめてグンとやる気が高まり、がんばることができるということ。

「将来の夢がある子」＝「よく勉強をする子」

学習目的（夢をかなえるため）別に見た、家庭学習時間ごとの成績

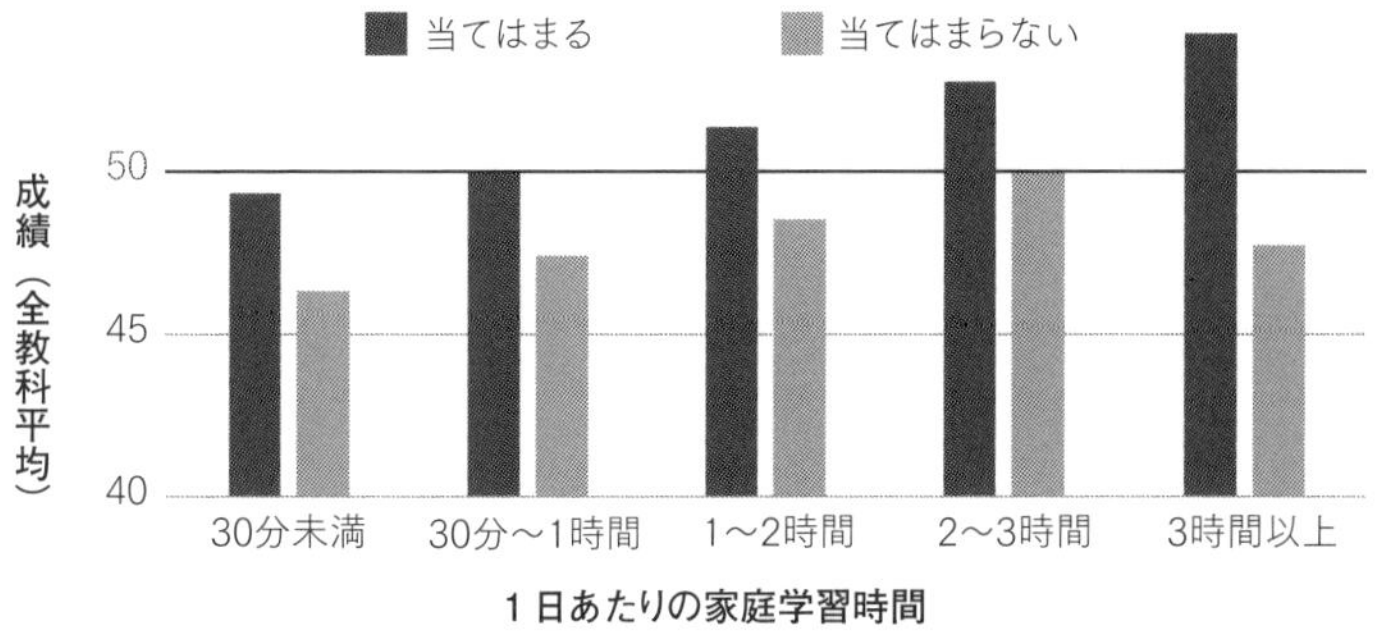

データ：「令和４年度仙台市標準学力検査、仙台市生活・学習状況調査
（中1～中3 22,037人対象）」解析結果より（東北大学加齢医学研究所）

「将来は医者になってたくさんの人を助けたい」といった夢があれば、数学や理科をしっかり勉強しなければと考えます。「いろんな国でいろんな人と一緒に働けるようになりたい」なら、真剣に英語に取り組むようになるものです。

ところが、学力向上のブースターになる「将来の夢」を持っている子どもは、学年が上がるにつれて少なくなる傾向があることが、私たちの調査でわかりました（107ページ上のグラフ）。

小学3年生では約9割の子どもが「将来の夢や目標」を持っていたのが、学年が上がるにつれてどんどんその割合が減り、中学3年生では7割弱になるという結果でした。

いったいどうすれば、将来の夢や目標を子どもが持ち続けることができるのでしょうか？　その答えもまた、調査から見えてきました。

小学5年生から中学2年生の子どもを1年間追跡調査したところ、「将来について家の人と話し合っている」と答えた子どもの9割が、夢や目標を持ち続けていたことがわかったのです（左ページ下のグラフ）。

逆に、「将来について家の人と話し合っていない」と答えた子どもは、夢や目標を持ち続けていた割合が7割を切っていました。

ぜひ、子どもの明るい未来について、家族で日常的に話し合ってみてください。

夢に近づくためには何が必要なのか。どんな学習をすればいいのかを、一緒に調べてみてもいいでしょう。夢をかなえるための行動は子どもをワクワクさせ、そこからムクムクと意欲が湧いてくることでしょう。

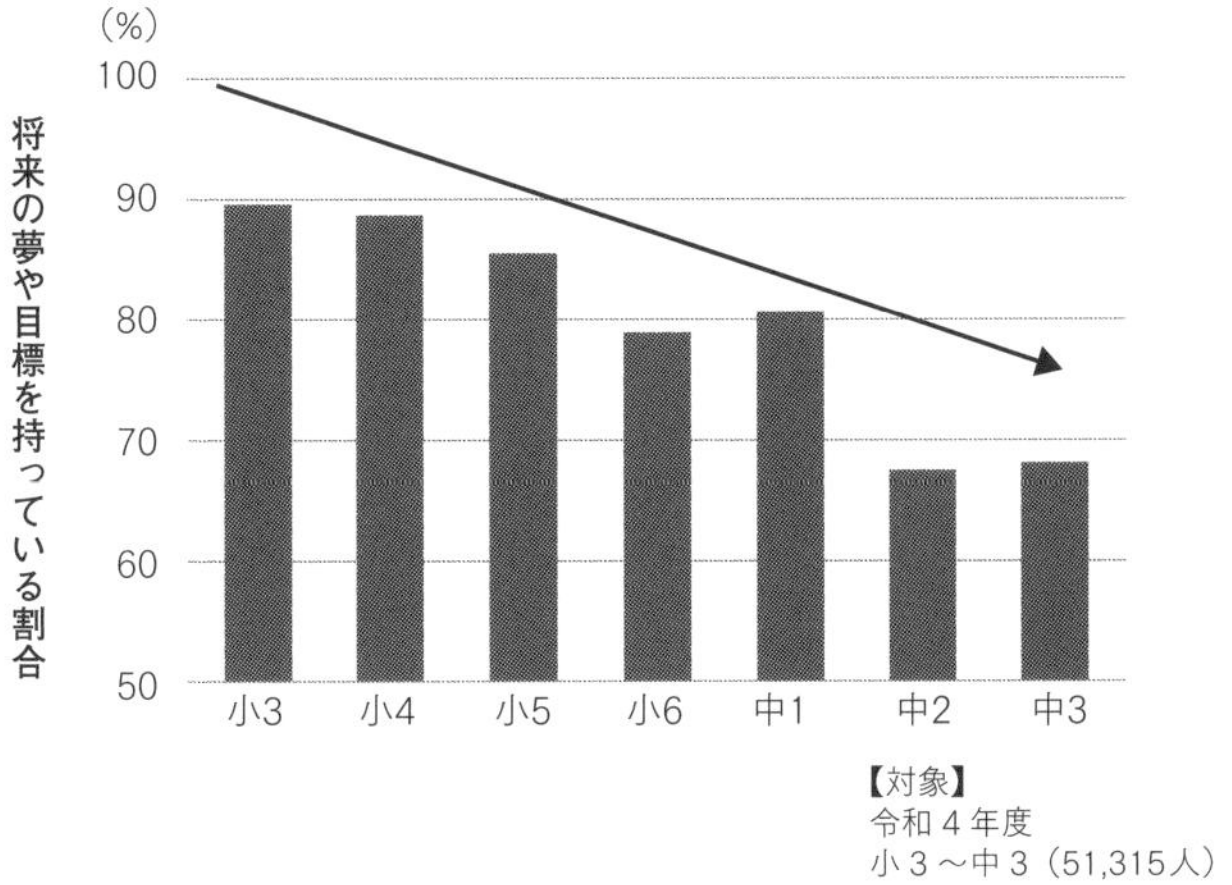

将来の夢や目標を持っている子どもたちの割合

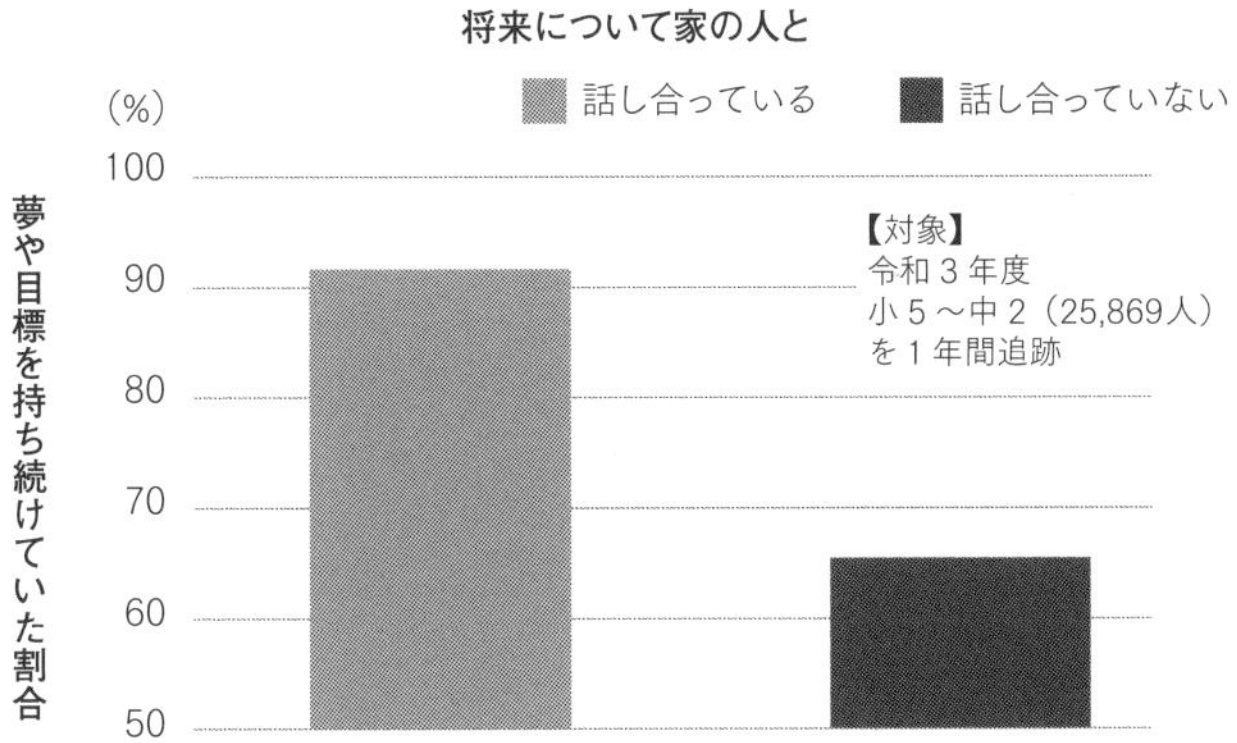

将来の夢や目標を持ち続けることと、将来について
家の人と話し合っているかどうかの関係

データ：共に「令和４年度仙台市標準学力検査、仙台市生活・学習状況調査」
解析結果より（東北大学加齢医学研究所）

親子で脳トレゲーム②

頭の回転UPトランプ暗算

脳の「回転速度」を鍛えるためのトランプを使った暗算ゲームです。単純な数字を全力で速く処理することは、脳を活性化させて情報処理の能力を高めることにつながります。1対1で競い合うことで、その効果がさらに高まることでしょう。

ウォーミングアップをしよう!

ジョーカーを抜いた52枚のトランプ全てを裏を上に向けた状態で重ねて持ち、上から1枚ずつ表にして出した順に、出た数をどんどん足し算していきます。例えば、1枚目が「3」、2枚目に「5」が出たら3＋5で「8」と答えます。次の3枚目に「9」が出たら先ほど出た8に9を足した「17」が答えです。これを全力で速く行い、52枚すべてのカードを足し終えたとき、「364」になれば正解です。ストップウォッチで時間を計り、より短い時間で正解を出せた人の勝ち!

レベル1　スピード足し算

STEP❶

52枚のトランプを半分に分け、それぞれ裏を上に向けて重ねて持つ。

STEP❷

カードを表にした状態で1枚ずつ同時に出し合う。

STEP❸

2枚のカードを足し合わせた数の正解を先に答えられた人がカードをゲットできる。カードがなくなるまで続ける。

最後に持っているカードの枚数が多い人の勝ち！

レベル2　暗算＆ひとつ前の答えを記憶

STEP❶

52枚のトランプを半分に分け、それぞれ裏を上に向けて重ねて持つ。カードを表にした状態で1枚ずつ同時に出し合い、足し算をした数を記憶する。このとき、声に出さないこと。

STEP❷

もう一度カードを1枚ずつ出し合い、その数を足し算して記憶。同時に、STEP①で記憶した数を声に出して答える。先に正解を答えたほうがカードをとる。

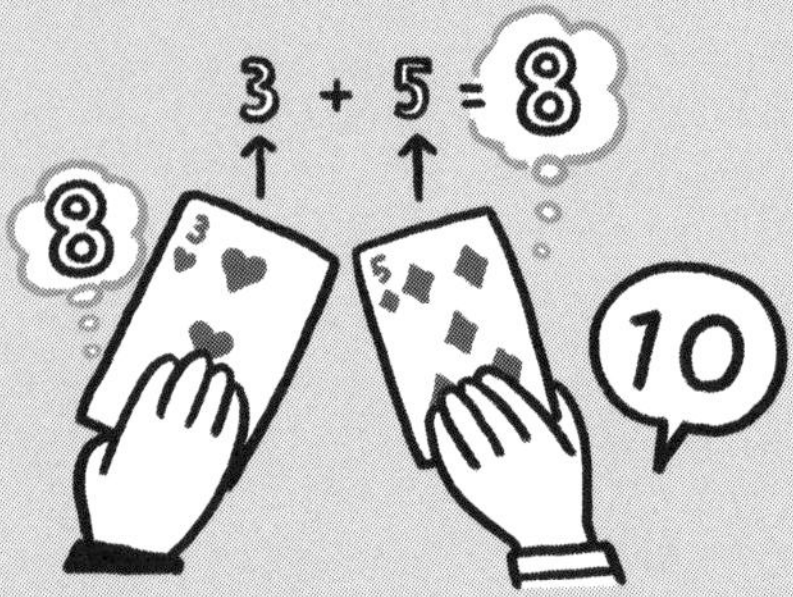

STEP❸

同じ要領で、カードを出し合うたびに足し算して記憶し、同時にひとつ前の答えを声に出すことを繰り返す。カードがなくなるまで続ける。

最後に持っているカードの枚数が多い人の勝ち！

レベル3　答え「10」の逆計算

STEP❶

2人の間に52枚のトランプを、裏を上に向けて重ねて置き、4枚ずつカードをとって表にして並べる。

STEP❷

4枚のカードの数字で「+」「−」「×」「÷」を使って答えが「10」になる式をつくる。例えば「1、3、5、8」のカードが出た場合、「8÷1+5−3=10」などの式を作り、それを声に出して答える。できない場合はカードを何枚でもチェンジしてOK。使う記号の種類と数は自由。

先に式ができた人の勝ち！

MILK

第3章
子どもの脳によい食事

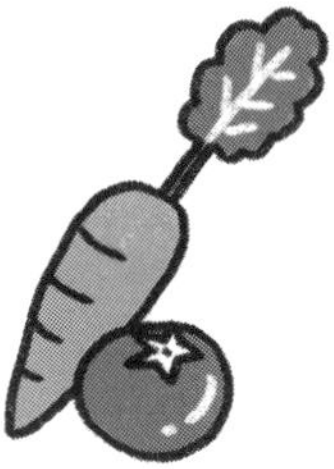

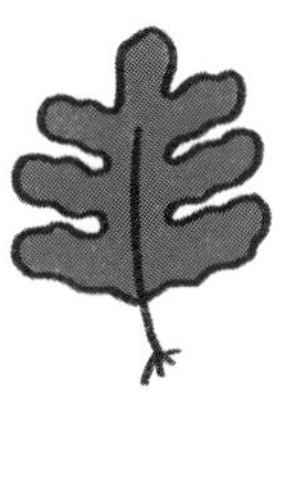

「朝食を食べる」子の3割は偏差値65以上の大学へ合格する

本章では、子どもの脳発達に与える食事の影響について見ていきましょう。

最初に取り上げたい最重要ポイントは、「朝ごはん」です。

なぜなら、朝食は子どもたちの脳の発達そのものに大きく影響するうえ、学力や心の働きだけでなく、将来的な幸福度にも大きく関わってくるためです。


61ページ以降でお伝えしたように、脳を働かせるためには、細胞内のミトコンドリアが産生するエネルギーが必要です。そして、そのエネルギーの材料となるのが、ブドウ糖。脳細胞にブドウ糖を十分に届けるためには、朝ごはんとしてお米やパンなどの主食をしっかりとることが欠かせません。

「前夜に夕食をしっかりとっていれば大丈夫なんじゃないの？」と言う人もいますが、**体のほかの部分はブドウ糖をある程度保存できるものの、脳にはそれができません。そのため、定期的に食事でブドウ糖を摂取する必要があるのです。**

さらに、脳の重さは成人で１２００〜１４００ｇ程度で、全体重の２％にすぎませんが、体全体のエネルギー消費量の18％は脳が占めています。

つまり、脳はとんでもない大喰らいというわけです。

脳細胞は常に十分なブドウ糖を必要としており、それが不足するとあっという間に障害を起こしたり、死んでしまったりするのです。

さらに、脳の働きをよりよくするためには、脳の神経細胞の間をつなぐ神経線維を太くしたり、枝分かれを増やしたりすることが必要です。神経線維を育てるのは様々な学習ですが、このとき、神経線維の材料となるタンパク質や脂質も必要です。

また、ブドウ糖から効率よくエネルギーを産生するためには、ビタミンやミネラルも必要不可欠。

つまり、多種多様な栄養素を摂取し、それらが複合的に働くことで、脳ははじめて本来のパフォーマンスを発揮するようにできているのです。

「それはわかっているけれど、うちの子は、朝はあまり食欲がなくて……」という親御さんたちの声もよく耳にします。しかし、それがどういう結果を生むかについて知れば、「少しでも食べさせなければ！」と考えが変わることでしょう。

私たちの研究チームが、仙台市の小学5年生から中学3年生まで約4万3000人の子どもたちの朝食習慣と成績との関連について調べたところ、次のことがわかりました。

・学校の成績上位グループの9割は、朝ごはんを毎日食べている
・学校の成績下位グループの3割は、朝ごはんを毎日食べていない

朝ごはんの習慣が学校の成績に直接的に影響を与えていることが、はっきりとわかります。

文部科学省が全国の小中学校の最高学年（小学6年生、中学3年生）を対象に行っている「全国学力・学習状況調査」でも、「朝ごはんを食べていない子どもは学力が低い」と、同様の結果が示されています。

さらに、朝ごはんの有無は、偏差値にも大きく影響していました。

仙台市の小学5年生から中学1年生の2万人以上の子どもたちを3年間追跡調査したところ、**朝食を3年間食べ続けていた子どもは偏差値が50～51という高い状態を維持していました。対して、朝食習慣がなくなった子どもは、50以上あった偏差値が、44～46へ急降下していたのです。**

朝食が及ぼす影響は、小中学生に限らず、高校、大学、そして社会人になってからも続きます。

大学生４００人と35～44歳の大卒会社員を対象に行った農林水産省との共同研究では、次のような事実が明らかになりました。

【朝ごはんを毎日食べ続けた人の場合】

・半数以上が第1志望の大学に入学
・3割が偏差値65以上の学部に入学
・6割が第1志望の企業に就職
・高収入層になりやすい
・幸福度が高く、仕事に対してやる気があり、将来への希望がある

【朝ごはんを毎日食べなかった人の場合】

・3割が第3志望以下の大学に入学
・3割が偏差値44以下の学部に入学
・3割が第3志望以下の企業に就職
・低収入層になりやすい
・仕事に対してやる気がなく、将来への不安を抱えている

朝ごはんは学歴だけでなく、将来の就職先や収入、心理面にも大きな影響を与え

ているのです。

多くの方は、「朝ごはんを食べるか食べないかだけで、本当にそんなに大きな違いが出るの……？」と、不思議に思うことでしょう。

しかし、脳をコンピューターに置き換えた話を思い出してください。

最新のCPUとメモリを備えたパソコンと、10年前の型落ちのパソコンとでは、そのパフォーマンスに雲泥の差があります。

朝ごはんは、脳にエネルギーを注入して午前中から最新型のパソコンにしてくれます。逆に、朝ごはん抜きでは、一日中型落ちのパソコンで戦うようなものです。

それが、数年単位の長期間続いたら、成果の差は膨大なものになるでしょう。

たとえ子ども自身が「食欲がないから朝ごはんは要らない」と言ったとしても、脳は「お腹空いた！」「脳細胞が死にそう！」と悲鳴を上げています。

そう考えて、ぜひ朝ごはんを食べる習慣を家庭内で根づかせてください。最初は小さなおにぎりとみそ汁だけでもかまいません。続けるうちに、徐々に朝ごはんを食べるリズムが体に備わってくるでしょう。

朝ごはんはパンより米が脳にいい

次に、「より脳によい朝ごはんの条件」について、掘り下げていきましょう。
私たち研究チームが最初に調べたのは、「お米とパン、どちらを主食にしたほうが脳によいのか？」ということでした。

そこで、仙台市の子どもたちを対象に、朝食の主食がパンの群とお米の群の2つに分け、それぞれの脳画像や認知機能、心の働きについて調査、分析しました。
そこでわかったのが、**「お米を主食にしている子どものほうが知能指数が高い」**ということでした。

その差はわずかだったため、当初は「誤差だろう」と考えていました。当時は私自身、幼いころから朝食にパンを食べていたので、信じたくない思いも正直ありました。

ところが、子どもたちの脳画像には、明らかに主食の違いによる脳発達の差異が表れていました。具体的には、**朝食にお米を主食にしている子は、パンを主食にしている子よりも脳が発達していた**のです。


特に大きな差を確認できたのが、「前頭前野」と「大脳基底核」でした。

前頭前野はこれまでにお伝えしてきた通り、高次の思考や言語、記憶に関わる部分です。そして大脳基底核は、脳の深部にあり、とりわけ意欲との関わりが強い領域です。


しかもこの差は、幼稚園や小学校よりも、中学校、高校、大学と成長するほど大きくなっていました。

ここからわかるのは、**子どもの思考力や言語力、記憶力や意欲の発達には、主として朝ごはんなどの生活習慣が大きく関わっているということです。**

なぜ主食の違いで脳の発達に差が表れるのでしょうか。

まず考えられるのが、ＧＩ値の影響です。

ＧＩとは、「グリセミック・インデックス」の略で、食事をとった後の血糖値の上がり方を示す指数です。ブドウ糖のＧＩ値を「１００」と定め、それを基準に、そのほかの食品の値が決められています。

ＧＩ値が低いほど血糖値が上がりにくく、高いほど血糖値が上がりやすい食品ということになります。

そして、パンのＧＩ値が97〜98であるのに対し、お米は70〜80とずっと低い値なのです。

アメリカで子どもの体の発達とＧＩ値の関連について調べた研究によると、**ＧＩ値が低い食事をとった子どもほど、体の発達がよくなることがわかっています。同じことが脳細胞にもいえるのではないか、と私としてはにらんでいます。**体の細胞に起こることが、脳細胞では起こらないとは考えにくいからです。

それでも、「朝はパンでないとどうしても体が受けつけない！」という家庭もあるでしょう。その場合は、ＧＩ値が低い全粒粉のパンを選ぶとよいでしょう。全粒粉パンのＧＩ値は50で、お米よりも低いのです。

また、玄米もＧＩ値が50と低い主食で、お米派の人が脳にとってよりよい選択をするならば、玄米に変えることもおすすめです。

主な主食のＧＩ値を左にまとめました。こちらを参考に、なるべく低ＧＩ値の主食を選択していきましょう。

【主な主食のＧＩ値】

食パン―91　うどん―85　白米―70～80　パスタ―65　そば―50

全粒粉パン―50　玄米―50　全粒粉パスタ―50

ちなみに、「朝はパン派」の私は、この研究結果を見てからというもの、お米からパンを作れるパン焼き器を購入し、玄米パンを朝の主食としてとるようになりました。

おかずが多いほど脳活動は活発になる

朝食の主食がお米の子どもほど、脳が発達している――。

こうした影響が起こる原因については、先に述べたＧＩ値のほかにもうひとつ、「おかずが多いかどうか」が関係しています。

というのも、同調査から、主食がお米の子どもたちのほうが、主菜や副菜などのおかずも一緒にとっている割合が高いこともわかったためです。

対して、主食がパンの子どもの場合は、「パンだけ」でおかずなし、という傾向があることも確認されました。

糖質の急激な吸収を緩やかにする働きのある食物繊維や脂質が含まれたおかずを食べることで、血糖値の上昇を抑える効果が期待できます。

また、先にお伝えした通り、脳細胞のエネルギーを産生したり、脳の神経細胞を増やすためには、タンパク質や脂質、ビタミンやミネラルが必要です。

中でも、必須アミノ酸のひとつであるリジンやビタミンB_1は、エネルギー産生を効率的にすることで知られています。

リジンは、肉や魚などの動物性タンパク質に含まれており、お米やパンからとることはできません。

ビタミンB_1も肉や野菜に含まれています。全粒粉や玄米からもとることができますが、白いパンや白米からはとることができません。

つまり、**「ごはんだけ」「パンだけ」では、頭はよくならない**ということです。

それがはっきりと確認されたのが、次の研究です。

東北大学の学生6人に、朝食としてある日は水だけ、別の日は砂糖水だけ、また別の日には栄養バランスのよい流動食をとってもらいました。量は3種とも同量としました。
それぞれの朝食の前後に暗算や記憶のテストを実施し、脳画像を計測しました。脳画像を確認したところ、栄養バランスのよい流動食をとったときが最も脳の前頭前野の活動レベルが活発になることが確認されました。

また、次のようなこともわかりました。

- 水だけの場合、疲労感が徐々に高まっていく
- 水だけ、砂糖水だけの場合は、集中力が徐々に下がっていく
- 流動食の場合は、疲労感や集中力の低下が表れても徐々に改善する

この結果を見れば、水だけの場合はもちろん、ブドウ糖（砂糖水）だけとっても、脳の働きは不十分ということがわかります。

その後、私たちは文部科学省と一緒に、小学生を対象とした朝食習慣の調査と認知機能検査を実施しました。

するとやはり、「おかずの数が多いほど発達指数が高く、少ないほど低い」という結果が出たのです。こうして、おかずの数と「頭のよさ」には、はっきり因果関係があることが確認されました。

ここまで読んで、頭を抱えてしまった親御さんもいるかもしれません。

共働き世帯が大勢を占める今、「ものすごく忙しい朝に、おかず付きのしっかりした食事を作る時間なんて全然ない！」という家庭がほとんどでしょう。

私はそうした親御さんたちには、「朝食のおかずを朝に作る必要はないですよ」とアドバイスしています。

一生懸命働いている親御さんたちが、睡眠時間を削ってまでもう一品増やす必要はありません。親御さんの脳が働かなくなってしまいますし、無理は続きません。

そこで、次ページで、朝食のおかずを簡単に増やすために役立ちそうな知恵を、いくつか紹介しましょう。

できそうなものから、ぜひ取り入れてみてください。

「朝ラクごはん」4つのコツ

1 前夜のおかずをアレンジ

前の夜のおかずを多めに作り、それを朝食の一品として再登場させましょう。ちょっとしたアレンジを加えても。肉じゃがなら、とろけるチーズをのせてレンジでチンしたり、卵とじにしたり、カレー粉を加えて“味変”しても◎。

とろけるチーズをたっぷりのせて

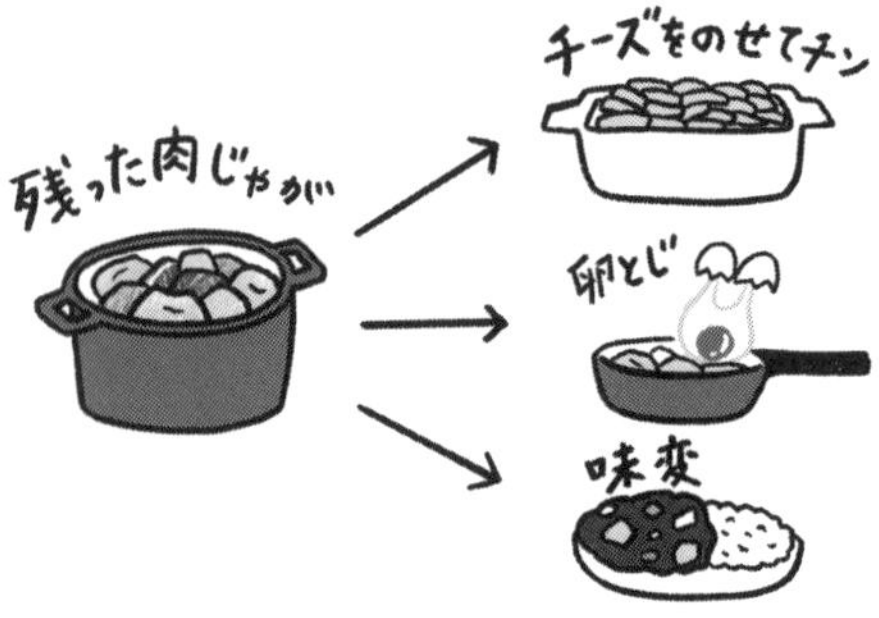

2 具だくさん〝おかずみそ汁〟

前夜に具がたっぷりのみそ汁を作り、朝食に出せば、立派な一品。溶き卵や豆腐をプラスして温め直せば、タンパク質もしっかりとれます。

みそ汁は、おかずになるほど具だくさんに！

頭のよい子に育てるための

3　ボリュームたっぷりの“おかずおにぎり”

白米3、具2の割合でおにぎりにすれば、「おかず＋主食」が一度にとれる“おかずおにぎり”に！　焼き鮭、ツナマヨ、炒り卵＋塩昆布などを具にすれば、タンパク質もたっぷりとれます。

から揚げや卵焼き、
焼き魚などを
おにぎりに

4　納豆＋αで栄養価アップ

朝食の定番、納豆に相性のよい食材をプラスすれば、栄養価が格段にアップ。卵やじゃこ、ツナを混ぜればタンパク質の摂取にも。青菜やオクラ、キムチとも相性よし。

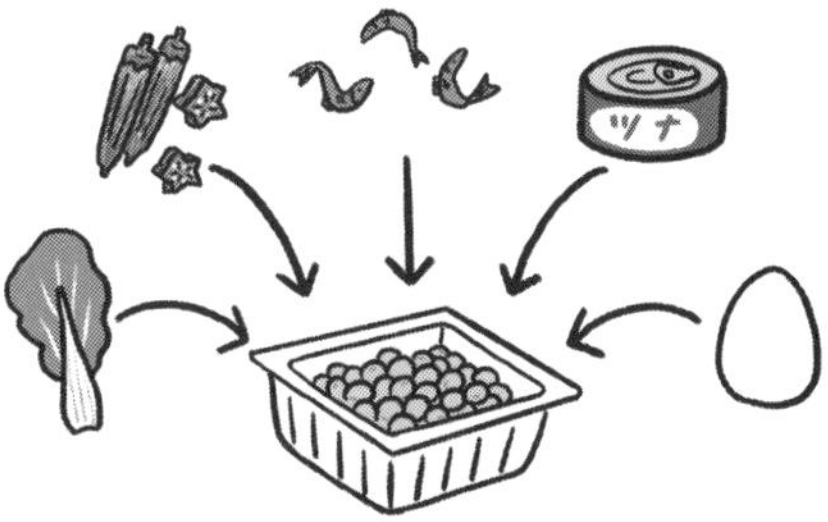

卵、野菜、じゃこ……
トッピングで栄養を盛る！

成長期には鉄不足に注意する

脳活動と栄養について気をつけるべきことのひとつに、「鉄不足」があります。

特に、第2次成長期に入った女児や、部活動やクラブで負荷の高い運動をしている子どもは、体内の鉄を消耗しやすく、鉄欠乏になることがあるため要注意です。


実際に、2019年（令和元年）に厚生労働省が行った国民健康栄養調査（2020年・令和2年発表）によると、成人女性（月経あり）の鉄摂取量の平均値は7・5mgと、推奨量である10・5mgよりも低値であることがわかりました。

同じく、1歳から6歳の子ども（男女）においても、推奨量が1〜2歳で4〜4・5mg、3〜5歳で5・5mg、6〜7歳で6・5mgであるのに対し、同調査によると実際にとれている鉄の平均値が4・2mgと、低値であることが確認されました。

脳にはドーパミンやアドレナリン、セロトニンなど様々な神経伝達物質が存在しており、学習や睡眠のみならず、意欲や幸福感といった感情の働きにも関係しています。この神経伝達物質の材料になる栄養素が、鉄です。そのため、**鉄が不足すると神経伝達物質の生成が十分に行われなくなってしまう**のです。

また、61ページ以降で解説したように、全身の細胞のエネルギーは細胞内のミトコンドリアで産生されています。その産生の過程で、鉄は補酵素として重要な働きを行っています。そのため、**鉄欠乏になると脳細胞のエネルギーも足りなくなって、頭がよく働かなくなってしまうのです。**

鉄は、脳の働きや発達において非常に重要な栄養素なのです。

だるくて朝起きられない。すぐに立ち眩《くら》みを起こす。やる気が出ない。落ち込みや不安が強いといった様子が見られる子どもは、鉄欠乏の可能性があります。

鉄が豊富な赤身の肉や魚、貝類をしっかり食べられる食事を用意してあげてください。もしくは、鉄強化食品を取り入れるのもいいでしょう。

頭の働きを高める魚は1日1食とる

「魚を食べると頭がよくなる」。そんな話を聞いたことがある人は多いと思いますが、実はこれは、科学的にも明らかな事実。

「DHA（ドコサヘキサエン酸）」や「EPA（エイコサペンタエン酸）」など、魚由来の脂質は脳の神経細胞の発達を促すため、特に発達期の子どもにとって欠かせない重要な栄養素なのです。

脳に取り込まれた情報の記憶や処理は、脳の神経細胞間のやりとりの中で行われています。そして、脳細胞同士を連結させているのが、「シナプス」です。シナプスがより長くなったり、枝分かれが増えたりすることで、情報のやりとりはより多く、より速く行うことができるようになります。

魚由来の脂質には、このシナプスの発達を促進する効果があるのです。

そのため、ＥＵ各国では乳児用の粉ミルクにＤＨＡの添加が義務づけられていま す。国内でも、ＤＨＡが添加されている市販の粉ミルクをよく見かけますね。日本では義務づけられてはいないのですが、やはり、その重要性から添加を望む声が多いのでしょう。

さらに、魚由来の脂質には、シナプスの発達の促進に加えて「脳の働きをスピードアップさせる」効果も期待できます。

脳の神経細胞を包む細胞膜は、その質が柔らかいほど細胞間の情報伝達がスムーズになることがわかっています。ＤＨＡは多種多様な脂質の中でも、最も柔らかい構造を持っているため、ＤＨＡを多く含むほど細胞膜は柔らかくなり、情報伝達がスピードアップする、というわけです。

ＤＨＡやＥＰＡは人の体内で合成できない栄養素ですから、食べ物から絶えず摂取することが必要です。わが国も、食の西欧化で魚の摂取量が少なくなってきているため、１日１度は子どもたちの食卓に魚を並べることを意識していきましょう。

一緒にホットケーキを作ると子どもの頭がよくなる

子どもが生活の中で一番楽しみにしているものといえば、おやつ。幼児だけでなく、高校生、大学生になっても、自宅で食べるおやつを楽しみにしている子どもは多いことでしょう。

実は、**子どもが大好きなおやつを親と一緒に作ることで、子どもの前頭前野が強く活性化されるのです。**

私たちの研究チームは、仙台市の幼稚園児から小学6年生までの子どもたちが、親と一緒にホットケーキ作りをしているときの脳の活動の様子を測定しました。すると、泡立て器で混ぜたり、生地をこねたり、生地を焼いたりといった様々な工程のすべてで、前頭前野の血流がよくなり、その働きが活発になる様子が確認できました。

中でも、「卵を割る」「材料を量《はか》る」といった、慎重さが必要だったり、ほどよい難しさがある作業になると、特に強く反応することがわかった点は注目に値します。とりわけ顕著に反応したのが、小学校中学年の児童でした。

忙しい平日に毎日一緒におやつ作りをするのは難しいでしょうから、〝週末のお楽しみ〟にするのもよい方法です。
研究では、週に一度、親子でホットケーキを作ることを6週間続けてもらったところ、やらなかった親子よりも実行した親子のほうが、親子の関係性や子どもの情緒面にポジティブな影響が表れることも確認されました。

幼少期の食を通じた親とのコミュニケーションは、脳発達だけでなく、大人になってからの幸福度にも大きく影響しています。
２００９年（平成21年）に東北大学と森永製菓が共同研究で行ったアンケート調査では、幼少期に親とおやつ作りを体験した大学生は、体験したことがない大学生と比べて、「主体的幸福感」が高いことがわかったのです。

頭がよくなるうえ、大人になってからの幸福感まで高まる「親子でおやつ作り」を、ぜひご家族の恒例行事にしてください。

親子での「おやつ作り」体験が幸福度を押し上げる

親子でのおやつ作り体験の有無

・おやつ作り体験の有無で、統計的に有意な差があった尺度
（すべて体験有＞無）

- 人生に対する前向きな気持ち
- 達成感
- 自信
- 至福感
- 近親者の支え
- 社会的な支え
- 家族との関係
- 精神的なコントロール感
- 身体的な不健康感
- 社会的つながりが足りないと感じる
- 人生に対する失望感

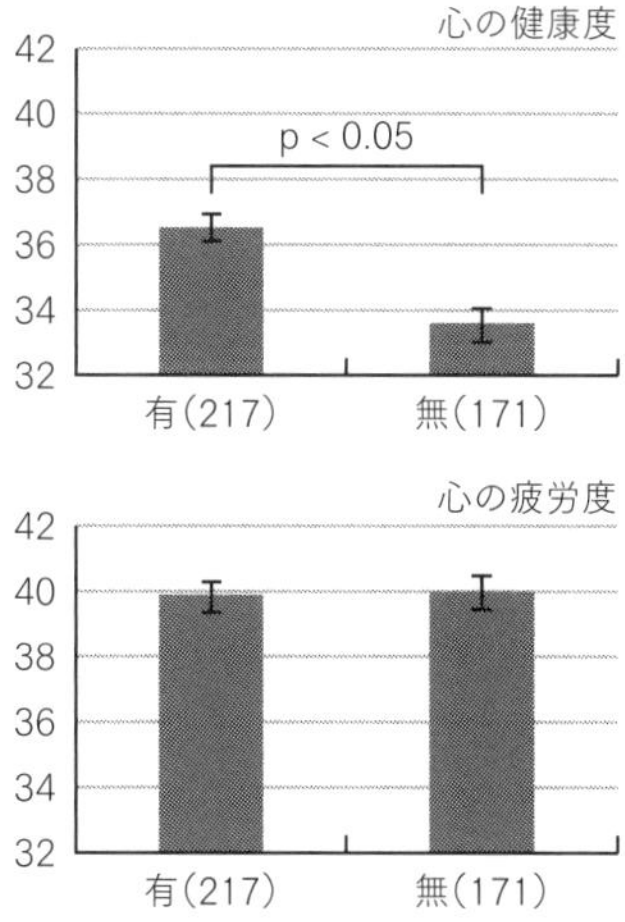

出典：「幼児期のおやつ作り体験が、
現在（大学生）の主観的幸福に与える影響」
（東北大学、森永製菓）

親子で脳トレゲーム③

がまんする力がUPリズム遊び

出された課題を親子でより速くできることを競い合いながら、脳の「行動制御」の働きを鍛えるゲームです。右手と左手、もしくは足で同時に別々の動きをするとき、思わずどちらかにつられてしまいそうになる動きをコントロールすることで、脳の前頭前野を活性化。情報処理能力のほか、行動制御の能力との関連が強い「がまんする力」を伸ばすことにもつながります。

レベル1　左右で別々グーチョキパー

右手は「グー、チョキ、パー」の順に、左手は「チョキ、グー、パー」の順で、左右の手を同じテンポで動かします。できるだけ速く動かし、先に4周できた人の勝ちです。

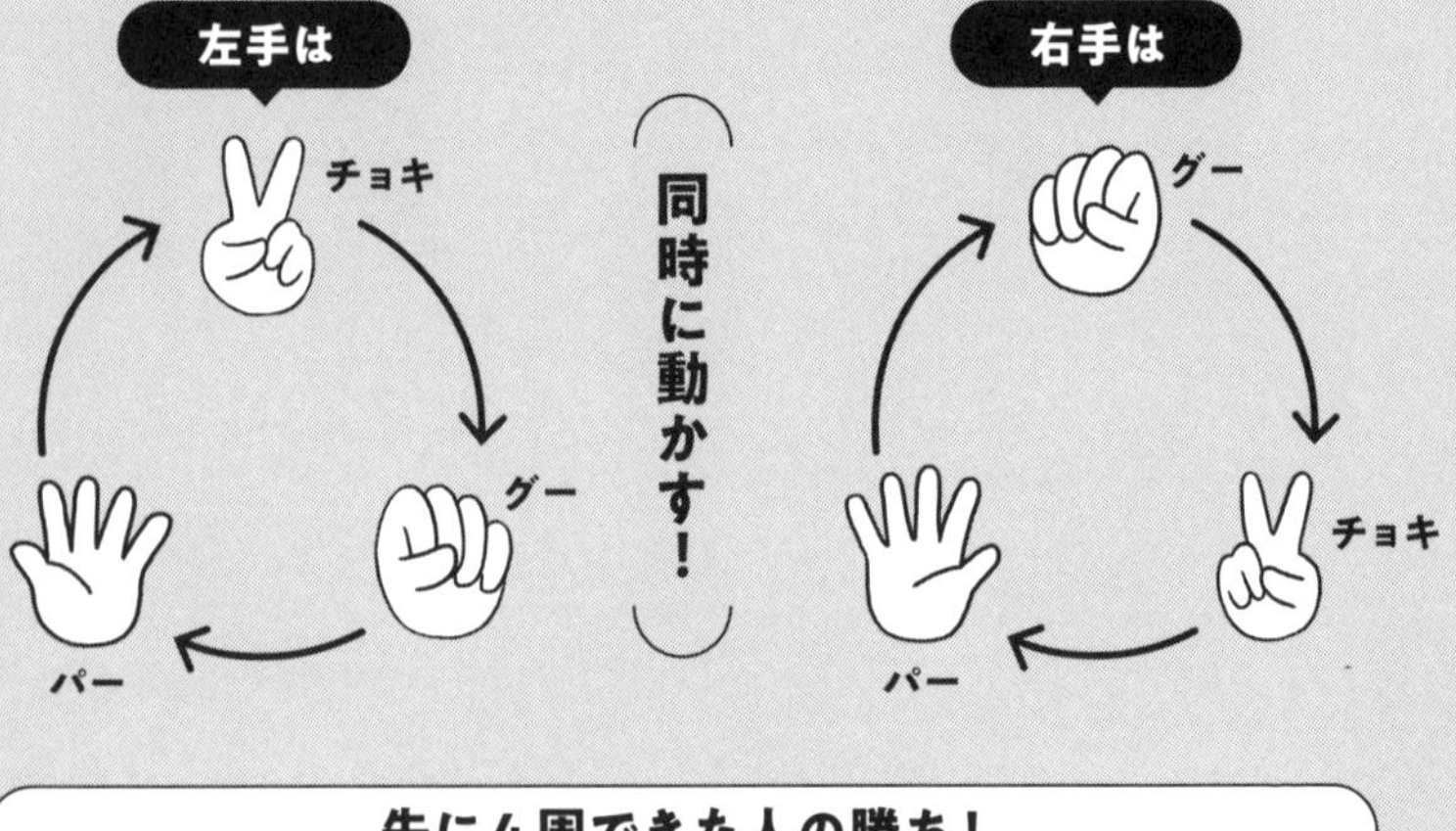

先に4周できた人の勝ち！

レベル2　カウント&グーチョキパー

右手は「グー」から「イチ、ニ、サン、ヨン、ゴ」と順に指を1本ずつ立てていき、「パー」までできたら、また「グー」に戻って繰り返します。左手は「パー、グー、チョキ」の順に動かします。左右同時に、なるべく速く動かしましょう。先に4周できた人の勝ちです。

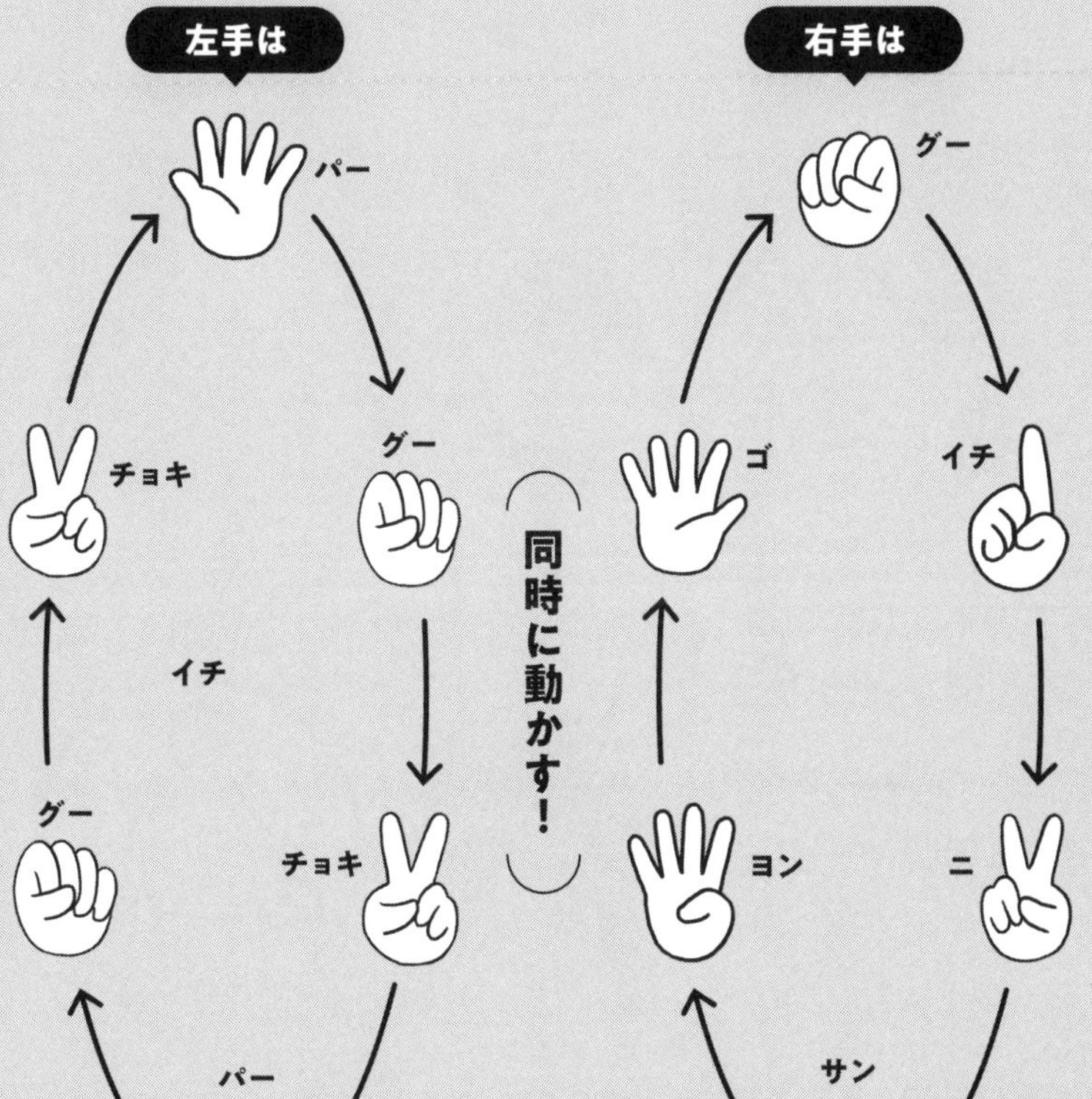

先に4周できた人の勝ち！

レベル3　手足で同時に四拍子&三拍子

右手は空中に四角形を描くように四拍子を刻み、左足はつま先で床に三角形を描くようにして三拍子を刻みます。右手と左足をなるべく速く同時に動かし、先に右手の四拍子を4周した人の勝ちです。

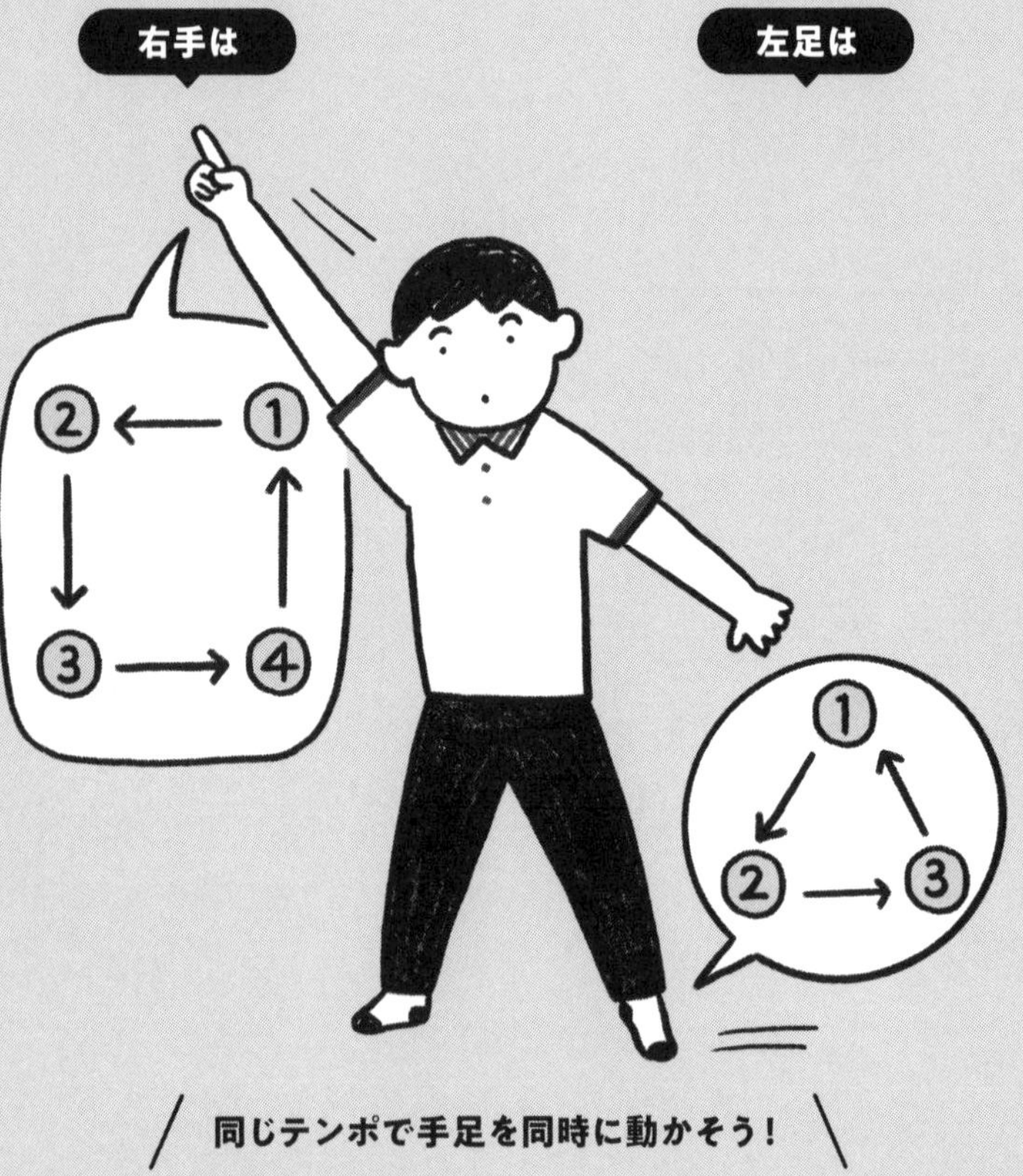

＼同じテンポで手足を同時に動かそう！／

先に右手を4周できた人の勝ち！

レベル4 パーグーチョキ&顔パーツタッチ

右手は「パー、グー、チョキ」の順に動かし、左手は「おでこ、あご、右耳、左耳」の順で顔に触れます。左右の手を同時に、なるべく速く動かしましょう。先に右手を4周できた人の勝ちです。

同じテンポで左右の手を同時に動かそう!

先に右手を4周できた人の勝ち!

第4章
効率よく脳を働かせる勉強法

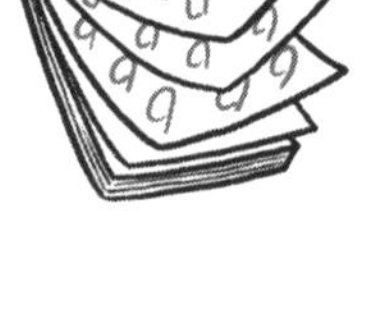

学習中は「無音」が大前提

音楽、テレビ、スマホはシャットアウト

本章では、脳のパフォーマンスを最大限に引き出す学習法についてお話ししていきます。実際の方法に入る前に、学習環境の絶対条件を押さえておきましょう。

それは、**勉強中は「音と映像をできる限りシャットアウトする」**ということです。これを押さえておかないと、どんなによい学習法や参考書を用いても、すべて水の泡になってしまいます。

それがよくわかる次の実験を、ぜひ一度、親子でやってみてください。

まず、ストップウォッチを用意して、1から100までの数を全力で速くかぞえます。かかった時間はメモしておいてください。

次に、同じことを、テレビをつけて行います。

かかった時間を比べてみれば、きっと一目瞭然でしょう。当然ながら、テレビをつけた場合のほうが、時間がかかっているはずです。

理由は、前述したように、「脳はマルチタスクが大の苦手。シングルタスクではじめて最大限のパフォーマンスを発揮する」からです。

勉強中に音楽が流れてくれば、聞こえた音を調べる聴覚野が働き、それが歌の場合は、歌詞の意味を理解するためのウェルニッケ野も働きます。

もしYouTubeなどの映像付きなら、目にしたものが何かを調べるための視覚野もせっせと働くことでしょう。

これらは学習でも活発に使う脳の部位です。なのに、学習と関係のないことで働

かせてしまっては、当然ながら勉強の効率はガクンと落ちてしまいます。

もし、先の実験で「テレビをつけたときのほうが速かった！」という場合は、逆にテレビの内容をまったく覚えていないと思います。テレビの音に注意が向かないように脳を働かせた結果です。

当然、その分、脳には負荷がかかるため、長時間の集中は難しくなります。つまり、「脳のエネルギーの無駄使い」ということです。

私自身、論文を書くときには耳栓をして、なるべく無音の中で行うようにしています。自分の息子たちには、勉強するときは部屋にスマホを持ち込まないことを約束させていました。皆さんも、「ながら勉強」が癖になる前に、お子さんによく言い聞かせて、「勉強中は無音にする」約束をしておきましょう。

併せて、お子さんがリビングで勉強をはじめたら、親御さんはきっぱりとテレビやラジオ、音響機器をすべてオフにすることを習慣にしてください。

脳のパフォーマンスを左右する「室温」に注意！

これまでに、学習効果を高めるため「しっかり睡眠をとること」、「栄養が十分にとれる食事をすること」が重要とお伝えしてきました。

さらにもうひとつ、勉強中の脳のパフォーマンスを高い状態で維持するために欠かせない重要な要素として、気温や室温があります。人間の脳は、気温や室温が高過ぎても、低過ぎても、その働きを著しく落としてしまう可能性があるからです。

特に近年は、夏の気温上昇が問題視されています。猛暑で熱中症を発症すれば、体内のあらゆる臓器の働きが一気に低下し、多臓器不全に陥ってしまいます。

アメリカ公立学校の調査では、摂氏32度の日に試験を受けると、最適とされる摂氏22度の日と比較して、標準偏差で14％の成績低下が見られることが分かっています。
たとえ熱中症にまで至らなくても、気温が高過ぎる状態になれば、脳は働きを大きく低下させてしまう可能性があります。

勉強をするときにはエアコンで室温を適温に保つこと。そして、学校や塾に着いたときに暑さでぐったり……とならないように、通学、通塾時には保冷材で首の後ろをしっかり冷やすようにしてください。

一方、冬場は気温の低下に注意が必要です。慶應義塾大学の調査では、リビングの室温が低い住宅に住む人は、脳の神経拡散度が低く、脳内の情報伝達の効率が悪いことが知られています。

WHO（世界保健機関）は、健康のために「冬場の住宅の室温は最低でも18度以上」と勧告しています。脳の健康維持、パフォーマンス維持のためにも、18度を下回らないように室温をコントロールすることをおすすめします。

学習前の2分間の音読&計算で記憶力&集中力が30%アップする

次に、学習前の「脳の準備体操」についてお話ししていきましょう。

学習をはじめたとしても、脳がだらけ切っている状態では時間もかかるし、記憶の定着もよくありません。逆に、脳が活性化した状態で学習すれば、最短でしっかり覚えられます。

そのため、スポーツ選手が試合前に十分にストレッチをして筋肉や関節の状態を整えるのと同じように、脳をしっかり活性化させてから勉強をすれば、学習効率を高めることができます。

では、脳のパフォーマンスを最大限に引き出すために、何をすると最も効果的なのでしょうか。

それは音読、もしくは、簡単な計算を素早く行うことです。

第2章で述べた通り、私がこれまでに行った膨大な研究の中で、最も脳が活性化する様子を見せたのが、音読でした。次いで、ひとケタの足し算や引き算などの簡単な計算です。

黙って難しい本を読んだり、難解な数学の問題を解いたりしても、脳はそこまで活性化しません。不思議なことに、声に出して文字を読んだり、小学校低学年レベルの簡単な計算をしたりするほうが、脳はやる気を出して血流をグンと高めてくるのです。

ただし、**のんびり読んだり、ゆっくりと計算しても、あまり効果が得られません。脳活性化のコツは「できるだけ速くやる」ことです。**読み間違いや計算ミスは気にせず、とにかく自分にとって最も速いスピードで読んだり、計算することが重要なのです。

例えば、勉強をはじめる前に、教科書を一通り早口で音読したり、百マス計算をストップウォッチ片手に「よーいどん！」と計りながら行う。すると、脳は一気に発火し、パフォーマンスが大きく向上します。

長時間行う必要はありません。勉強をはじめる前の2～3分で十分です。その後は、通常通りの学習を進めてください。いつもよりも理解力、記憶力がよくなっていることが実感できるでしょう。

「声に出す」学習法は、準備体操だけでなく、記憶の定着にも有効です。

例えば、漢字や歴史の重要人物、英単語を覚えたいときには、「声に出しながら」紙に書くようにすると覚えがグンとよくなります。

「声に出す」テクニックは、テスト本番にも役立ちます。

小学校低学年、中学年のころは、まだ読解能力が十分ではないために、計算能力はあるのに文章題になるとたんに解けなくなる、という子どもが少なくありません。

実は単純な計算で解ける問題も、文章題になると「どういう意味？　よくわからない……」と戸惑ってしまうのです。

そんなときには、文章題を声に出して何度も読むと、文章の内容を理解したり、内容が明確にイメージしやすくなります。

当然ながら、本番のテスト中に大きな声を出すのはご法度《はっと》。口の中で小さくつぶやくように音読するとよいでしょう。

親の的確な〝励ましワード〟で勉強を投げ出さなくなる

新しいことを勉強しはじめるときは、わからなくて焦ったり、イライラしてしまうものです。

でも、そのとき脳内では、たくさんの脳細胞が活動し、神経線維を互いに伸ばし合いながら、答えを出すためのルートを作ろうとがんばっています。

あきらめずに考え続けることで、徐々にルートが完成し、情報が流れるようになると、「わかった!」となるのです。

ところが、考えを途中でやめてしまうと、脳細胞間のルートが整わないまま放置されてしまいます。神経線維もまったく伸びません。脳細胞が互いにつながることがないまま、働きの悪い脳になってしまうのです。

特に、小さな子どもは「どうせわからないから、もうや～めた!」と、途中で投げ出してしまうこともあるでしょう。そんなときには、脳細胞の神経線維の伸ばし合いを助けるような、親御さんの〝声かけ〟が効果的です。

具体的には、**「その前はどうだった？」「このひとつ前には、こうやっていたよね」といったかたちで、今、目の前に立ちはだかる問題の、ひとつ前の内容に戻って考えることを促すような声かけをするのです。**


学校の教科は体系立ててプログラムされているため、ひとつ前の段階に戻って復習し、理解を深めてからもう一度進むと、すっきりと解けることがよくあります。

例えば、小学5年生で習う、分母が異なる分数の加減の計算などは、多くの子どもがつまずきやすい単元といわれています。そのため、なかなか理解できなかったり、頻繁に間違えてしまったりする子もいるでしょう。

そんなときには、ひとつ前の段階である、4年生で習った同じ分母の加減をもう一度やり直してみる。もしくは分母をそろえることだけを何度もやる。

そんなアプローチで、ひとつ前の段階に戻ったり、難易度を下げたりといったことを促してみましょう。すると、脳はひとつ前の内容と、今できない問題との関連を情報処理しはじめ、つながっていなかった脳細胞同士が手を伸ばして「わかった！」という状態になりやすくなります。

脳の「わかった！」回路を太くするのは「反復」

前項で述べた「わかった！」という瞬間は、脳のルートはまだか細く、ようやくつながった状態にすぎません。そのまま放置すると、すぐに途切れてしまう可能性が高いでしょう。

「あれ？　この前はわかったと思ったのに……」
「一度、覚えたと思ったけれどすぐに忘れた！」
そんな〝よくある現象〟は、一度で通り過ぎてしまうために起こります。

重要なのは、理解した後に何度も繰り返すことで、脳細胞が互いに神経線維を何度も何度も伸ばし合って、脳細胞のネットワークを太く、強固にしていくことです。徐々に複雑な高次ネットワークができてきて、より働きやすい脳に仕上がっていきます。

学習したことが伸びていくイメージは、直線で天へ向かう矢印ではなく、ぐるぐると同じ地点を繰り返し通りながら、それでも少しずつ天へと伸びていく、〝らせん〟の矢印です。

同じことをやっていると、子どもは飽きてしまったり、遠回りのように思えてしまうかもしれません。

私も小学生のときには、そんなふうにして勉強をサボることがありました。そこを見計らって、私の母は普通のドリルではなく、少し難易度の高い問題集を買ってきたりしたものでした。

そんなかたちで、親御さんは子どもたちの様子をよく観察して、飽きた様子が見えたときには少し難易度が高かったり、違う方法論や見せ方をしている参考書を見つけてやるのもよい方法です。

脳に記憶を定着させる「アクティブ・リコール勉強法」

前項で、学んだことを定着させるには「繰り返し」が重要、というお話をしました。

では、具体的にどんな方法で繰り返すのが効果的なのでしょうか？

それは、「テスト」です。もっと細かくいえば、「脳に情報をインプットした後に、テストの形でアウトプットしてみる」ということです。

テストを受けたとき、「理解したと思っていたのに……」「解けるようになったと思ったのにできなかった！」といった経験はだれもがあることでしょう。

自分が何を覚えていて、何を覚えていないのか、何を理解できていて、何が理解できていないのかが、はじめてはっきり「見える化」できるのが、テストというわけですね。

テストが記憶力を強化することを証明する研究論文は数多く存在しており、中でも有名なのはワシントン大学が行った研究です。

学習後にテストを1〜3回受けた学生と、同じ内容を1〜3回再学習した学生に分け、それぞれどれぐらい記憶が定着したかを調べたもので、その結果は、テストを繰り返し受けた学生のほうが記憶の定着率が大幅に高くなることが、わかりました。

できないところを何度も「見える化」して、全問正解できるまで繰り返す。これは現在、確かな学力向上効果がある「アクティブ・リコール」勉強法として、多くの教育機関で導入されています。

英単語を覚えるときも、ひたすら単語帳を読んで覚えてを繰り返すのではなく、一区切りついたところで実際に書けるかどうか、テストをしてみる。歴史も一通り覚えたところで、すべて漏らさず説明できるかだれかに聞いてもらう。

子どもにそんな自己テストでアウトプットを繰り返させることで、より深く記憶に定着するよう導いてください。

テストは点数よりも「間違えたワケ」にこだわる

テストが返ってきたとき、親御さんたちが最も気にするのは、おそらく「何点取れたか?」でしょう。

「よくできたね」とか「ちょっと惜しかったかな」などと、点数についてのコメントをして……、その後はどうしているでしょうか。

もし、そのまま親子で「終わったこと」にしているようなら、それはとてももったいないことです。

なぜならテストは、脳科学的には「結果を利用する」ことで、子どもたちの学習の定着をぐんとよくしてくれるものだからです。

私たちは、このことを次の実験で確かめました。

被験者に、目隠しをしてペンで10㎝ちょうどになるように線を引いてもらいます。そして、線を1回引くたびに、「その線が10㎝ちょうどだったかどうかを教える場合」と、「その線が10㎝プラスマイナス5㎜以内かどうかを教える場合」で脳活動の様子を比較しました。

結果は、後者のほうが、線を引く人の脳が活発に働くことが確認されました。10㎝に対する誤差がどのくらいかを聞かされると、脳は「次に10㎝ぴったりの線を書くためにはどうすればいいか」について、情報処理を活発に行うようになるのです。

つまり、**結果が「合っているかどうかだけ」を気にするよりも、「間違いに対するヒントを聞き、間違えたワケについて考える」ほうが、脳はずっと働きをよくするということです。**

ですから、お子さんがテストを持ち帰ってきたときには、点数に対するコメントだけで終わらせず、間違った問題について「なぜ間違えたのか」を質問（決して責めないこと）したり、「次に同様の問題が出たときにはどう解くか」まで考えることを促すのを、おすすめします。

勉強は「まとめて一気!」より「分散してコツコツ」が高効率

「テスト前夜に一夜漬け!」、「夏休みの宿題は最終日にまとめてやる」、あるいは、「勉強はやる気が出たときに一気にやる派だった」という人は少なくないでしょう。

逆に、「毎日少しずつ進めていた」という人ももちろんいますね。

勉強は、まとめて一度にやったほうがいいのか、それとも、数回に分散してやるほうがいいのか。

これは、脳のしくみを考えたときには、「分散型」が正解です。

学術的には、コツコツ少しずつ進めることを「分散効果」、一気にまとめてやるのを「集中効果」と分類していて、記憶の効率についての研究がいくつか存在しています。

そのどれもで、「時間を分散して学習したほうが、記憶を保持する効果が高い」という結果が出ています。

その証拠となる実験のひとつに、小学1年生を対象にしたものがあります。文字の読み方を1日6分間ずつ学習したグループと、1日2分間×3回の学習をしたグループに分けてその効果を分析したところ、3回に分けたグループのほうがより学習効果が高いことがわかりました。

1日に同じ時間勉強しても、それを分散させたほうが、より効果が高いと確認されたのです。

逆に言えば、一夜漬けは学習効果がイマイチなうえに、睡眠不足にもなりやすいので、脳にとってはパフォーマンスを下げる、非常にマイナスな勉強法だということです。

一夜漬けと同じ時間、数日前から分散するように、子どもには声かけをしてあげてください。

目標までのステップを小さく刻むと「やり抜く脳」になる

わが子には、学習やスポーツで立てた目標は、粘り強く最後までやり抜く子になってほしい。そんなふうに願っている親御さんは多いことでしょう。

とはいえ、先々のことをイメージして今の行動を選択する能力がまだ未熟な子どもは、何かをはじめたとき、最初は張り切っていても、途中で「やっぱりもういいや」となりがち。

例えば、最初は1冊のドリルを「1カ月で全部終わらせるぞ！」と意欲的だったのに、2～3日もすると、ドリルは開かれた形跡もないまま放置されている……というのはよくあることです。

「最後までやり抜く子」にするためには、どんな方法が効果的なのか？　そのヒントがわかる研究を紹介しましょう。

2020年4月、科学技術振興機構と国立精神・神経医療研究センターの共同研究チームは、「目標の細分化は脳構造の変化を促進し、目標達成を支援することがわかった」と発表しました。

研究チームが行った研究では、参加者にまず、「パズルを最後までやり抜く」という目標を設定して実践してもらいました。

そして、目標を細分化し、小さい目標ごとに達成感が得られる学習プログラムを用いたところ、「やり抜く力が低い」と予測された人であっても、最後まで達成できることがわかったのです。

さらに、この学習プログラムに取り組んだ人は、やり抜く力の指標となる脳の「前頭極」の構造に明らかな変化が示されました。

つまり、**最終的なゴールだけでなく、その手前に「サブ・ゴール」を複数設定し、ゴールを細分化することで、最後まで「やり抜く脳」に生まれ変われるということがわかったのです。**

例えば、「1冊のドリルをひと月で終わらせる」という目標を設定したら、さらに「1日に3ページ終わらせる」とサブ・ゴールも設定します。さらに、「朝に1ページ必ず終わらせる」とサブ・サブ・ゴールを設定するのもいいでしょう。

そうやって小さなゴールをいくつも作れば、終わらせるたびに小さな達成感が報酬になります。ちょっとやるだけで脳は報酬がもらえてうれしくなるため、どんどんやる気が出てくる……という好循環が生まれます。

小さな子どもの場合は、小さなゴールを達成するたびに、大きな花丸をつけたり、カラフルなシールを貼ってあげるのも、よい報酬になるでしょう。

そうしたプロセスを繰り返すことで、最終的に子どもの脳は構造そのものが「やり抜く脳」へと成長していくことでしょう。

入試前日にやるべきこと3つ

重要な試験前になると、テストを受ける当人は不安と緊張で落ち着かない気持ちになるもの。それが過度になれば、夜に眠れなくなったり、実力が発揮できなくなることにもなりかねません。

そこで、親御さんにはぜひ、学校の定期試験や入試の前日などに、「子どもの不安や緊張を和らげるための3つの方法」を覚えておいてほしいと思います。

ひとつ目は、「これまでやってきたことの振り返り」です。

これまで取り組んできた参考書や問題集、書き込んできたノートや模擬テストなどの結果をひと通り見返してみましょう。「これだけの量をやってきたんだな」とか、「徐々に成績が上がったんだよな」と、自分が重ねてきた努力やその成果を実感することができます。これが、不安を和らげ、自信が湧いてくる源泉となるのです。

「通常、人はネガティブな記憶よりもポジティブな記憶のほうが強く残りやすい。

しかし、うつ病の人は悪い記憶のほうが強く残りやすい。

ハーバード大学の精神医学者、ダニエル・ディロン氏がそう語っているように、うつ病まで至らずとも、一時的に強い不安状態に陥れば、人は悪いことばかり思い出してしまうものです。

ネガティブな精神状態は記憶力を低下させるといわれているため、過度な不安状態は受験をするうえで、大きなハンデになってしまいます。

それを払拭するのが、先に述べたような、努力の振り返りです。

子ども自身がこれまでに積み上げてきたがんばりは、学力だけでなく精神面でも大きな支えになってくれるはずです。

2つ目は、呼吸瞑想です。

「瞑想なんて……おまじないみたいなものでしょ？」と思う人もいるかもしれませんが、呼吸瞑想には脳ストレスを解消したり、不安を軽減する効果があることが数多くの研究で明らかになっています。

きっかけになったのは、1970年にアメリカで始まった、「マインドフルネス」の広がりでした。マインドフルネスとは、「今、起こっていることに注意を向けた状態」に意識を整えるための、仏教の瞑想に由来した概念のこと。主に呼吸瞑想を行うことで心を「マインドフル」な状態にすることを目的としています。

情報化社会の中で疲れ切った脳をケアするその効果は、数多くの大学や研究機関、医療機関で実証されたことで、世界各国に広がりました。

今では数多くの教育機関や医療機関、ビジネスの現場でマインドフルネスの呼吸瞑想が取り入れられるようになりました。

長く厳しい受験勉強をがんばってきた子どもたちの脳も、受験を間近に控えたころには、疲労のピークを迎えているはず。脳疲労は認知機能を低下させたり、睡眠の質を悪くするといった悪影響があることがわかっています。

緊張と不安を和らげるためにも、受験前夜の就寝前、10分ほどの短時間でいいので、親子で一緒に呼吸瞑想をやってみてください。

やり方はいたって簡単。楽な姿勢で座るか、仰向けになって呼吸に集中するだけです。息が出入りしている鼻の中や、呼吸で膨らんだり縮んだりしているおなかに意識を集中。途中で気が散っても、気にせずに、またすぐに呼吸に意識を戻せばOKです。10分も行えば、頭も心もすっきりとした感覚が得られることでしょう。

3つ目は、「8時間以上眠ること」です。

どんなに勉強してきても、当日に睡眠不足だとすべては台無しになる……ということです。間違っても、眠る前にスマホを触ったりしないように注意してください。努力の振り返りと呼吸瞑想をした後は、心身ともに緊張がとれ、スムーズに入眠できる状態に整っているはず。後はそのまま、子どもにベッドに入るように促してください。呼吸瞑想の延長で、そのまま眠るのもいいでしょう。

この3つを行うことで、受験当日の朝には、子どもの脳のパフォーマンスをピークに持っていくことができるでしょう。

親子で脳トレゲーム④

記憶力がUP単語記憶ゲーム

記憶力を鍛えるための単語記憶ゲームです。短時間で簡単な単語を複数覚えることで、学習のための基本的なスキルである「記憶力」を鍛え、強化していきましょう。

全力で取り組むことで、29ページで解説した「転移の効果（トランスファーエフェクト）」の発現を促し、集中力や思考力のアップも期待できます。

レベル1 単語逆ならべ記憶

問題1と2は4つ、問題3と4は6つの単語をそれぞれ15秒で記憶し、それらを見ずに、逆の順番で声に出して答えます。先に間違いなく答えられた人の勝ち！

STEP❶

問題1・2は4つの単語、問題3・4は6つの単語をそれぞれ15秒で記憶します。声に出して覚えるのがコツです。

問題が「①ばっと　②ぼうし」のときは…

記憶！
…ばっと
ぼうし…
声に出すのがコツ

STEP❷

覚えたら単語を隠し、覚えた順番とは逆に声に出して答えます。

「ぼうし、ばっと」と逆から答えよう

…ぼうし
ばっと…
逆に答える

単語を覚える制限時間は15秒！

覚える順番

問題1

①ばっと
②ぼうし
③ぐろーぶ
④ぼーる

問題2

①めがね
②かばん
③すまほ
④さいふ

問題3

①ワシントン
②トウキョウ
③パリ
④ソウル
⑤ローマ
⑥ナイロビ

問題4

①おばけやしき
②かんらんしゃ
③ごーかーと
④じぇっとこーすたー
⑤ばいきんぐ
⑥めいろ

答える順番

先に答えられた人の勝ち！

レベル2　単語記憶作文

複数の単語を覚えることで記憶力を鍛え、単語を使った作文を考えることで同時に創造力や論理的思考力の向上にもつながるゲームです。すべての単語を使って辻褄の合うように文章を考えることは、作文が苦手な子どもたちのよいトレーニングにもなるでしょう。

STEP❶

まず、紙とペンを用意。課題の単語を制限時間15秒で覚えます。

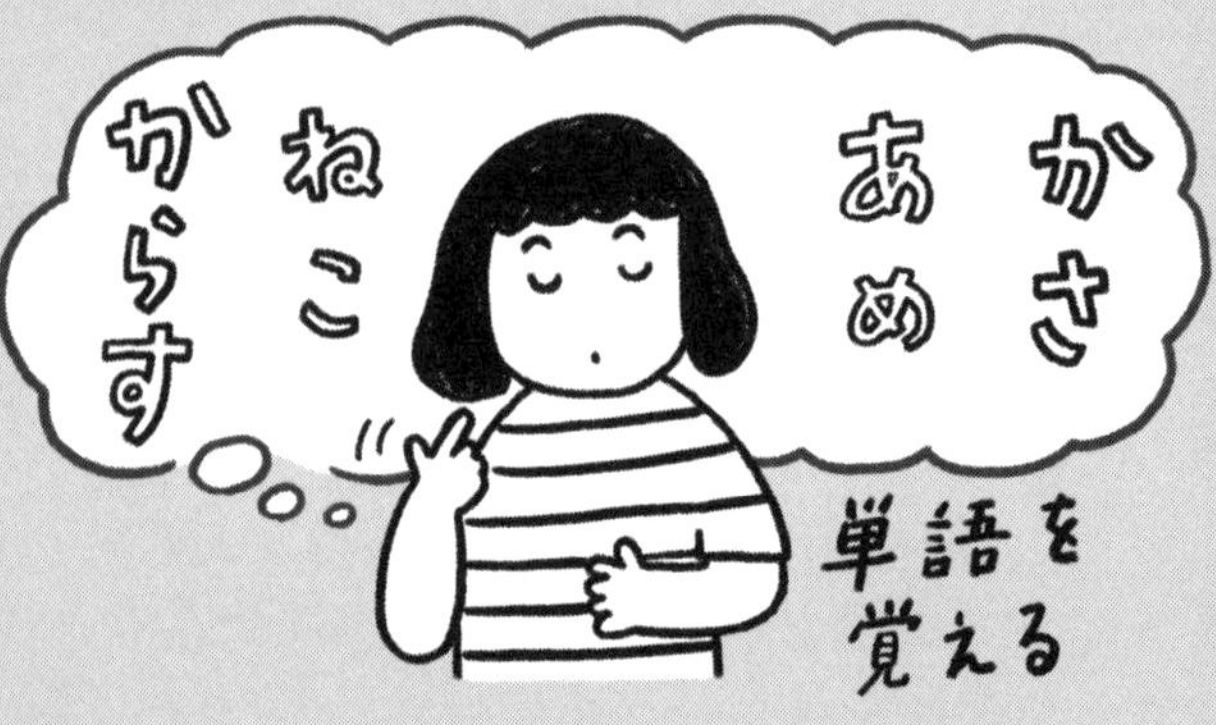

STEP❷

15秒間で覚えたら、覚えた単語をすべて使って文章を作りましょう。きちんと筋道の通った文章を速く完成できた人の勝ちです。

単語を覚える制限時間は15秒！

問題1

こっぷ
つくえ
のーと
けしごむ

問題2

そら
こうえん
ぶらんこ
てつぼう

問題3

でんしゃ
ほーむ
きっぷ
うんてんしゅ
ざせき

問題4

うみ
うきわ
かきごおり
くじら
なみ

速く作文が書けた人の勝ち！

川島隆太（かわしま・りゅうた）

東北大学加齢医学研究所教授。脳科学者。1959年千葉県千葉市生まれ。東北大学医学部卒業、同大学院医学研究科修了（医学博士）。スウェーデン王国カロリンスカ研究所客員研究員、東北大学加齢医学研究所助手、講師を経て、現在同研究所教授。2014～2023年3月に東北大学加齢医学研究所所長を務める。人の脳活動のしくみを研究する「脳機能イメージング」のパイオニアであり、脳機能研究の国内第一人者。ニンテンドーDSゲームソフト「脳を鍛える大人のDSトレーニング」で一躍時の人に。認知症高齢者や健常者の認知機能を向上させるシステムの開発や、「脳を鍛える」をコンセプトとする産学連携活動に尽力している。2024年より宮城県蔵王町観光大使に就任。

脳科学研究がつきとめた

「頭のよい子」を育てるすごい習慣

2024年7月29日　　第1刷発行

著　者	川島隆太
発行者	鈴木勝彦
発行所	株式会社プレジデント社 〒102-8641　東京都千代田区平河町2-16-1 平河町森タワー 13F https://www.president.co.jp/ https://presidentstore.jp/ 電話　03-3237-3731（販売）／03-3237-3732（編集）
装丁・本文デザイン	岩間良平（トリムデザイン）
3Dキャラクターデザイン	吉井 宏
本文図版・イラスト	朝日メディアインターナショナル株式会社
本文写真	Shutterstock
カバー・本文イラスト	武者小路晶子
編集協力	木村直子
販売	高橋 徹　川井田美景　森田 巌 末吉秀樹　庄司俊昭　大井重儀
編集	村上 誠
制作	関 結香
印刷・製本	中央精版印刷株式会社

©Ryuta Kawashima 2024, Printed in Japan

落丁・乱丁本はおとりかえいたします。

本書記載の原稿・画像の無断転載、複写を禁じます。

当社の個人情報保護方針に関しては、以下のサイトをご覧ください。

https://www.president.co.jp/information/privacy/

ISBN978-4-8334-4064-6